Toyo Ito

Towards a New Architecture in the 21st Century

X-Knowledge

Toyo Ito | Towards a New Architecture in the 21st Century

［企画・編集］
内野正樹/ecrimage
—
［デザイン］
刈谷悠三＋平川響子/neucitora
—
［印刷・製本］
シナノ書籍印刷
—
［協力］
伊東豊雄建築設計事務所

©TOYO ITO 2018

伊東豊雄｜21世紀の建築をめざして

はじめに

2020年の東京オリンピックを前に、東京の街が大きく変わろうとしています。密集した住宅街や商店街が再開発され、高層ビルに建て替えられていきます。いまそうした高層化の波に拍車がかかっているのです。

たとえば渋谷駅周辺では200m級の高層ビルが次々に建ち上がりつつあります。高層化によって空地を生み出し、街に緑化や広場を提供する、それは20世紀建築家の夢でした。今からおよそ100年前、ル・コルビュジエやミース・ファン・デル・ローエに代表される建築家が描いた高層化の夢は実に魅力的なものでした。薄汚れて非衛生的な街の間から空中に向かって美しく延びる摩天楼のドローイングは、未来都市への期待を抱かせるに十分でした。

100年後の今日、東京で行われている再開発は、はたしてコルやミースの夢の実現といえるでしょうか。それらは人々の生活のレベルアップや幸せにつながっているといえるでしょうか。

20世紀の爆発的な人口増加と人口の都市への集中現象において、再開発による高層化は大きな役割を果たしました。しかしいま日本の人口は減少しつつあり、東京ですら数年後から人口は減り始める、と言われています。そんな時代に、オリンピックというイベントだけをモチベーションにして高層化が進んでしまってよいのでしょうか。

現在進められている再開発は人々のため、というより経済のため、といった方がよいように思われます。建築の近代化はいまやグローバルな経済システムと結ばれて、経済循環の手立てとなってしまいました。動き始めた歯車を止められないように、ひたすらつくり続けなくてはならないのです。経済の利潤追求のために高層化は不可避な手段なのでしょう。

高層化が真に人々のためなら、「より高く」は「より安く」でなくてはならないはずなのに、現実は「より高く」は、「より高く」でしかないのです。

しかも高層化は必然的に自然環境から切り離され、人工環境に頼らざるを得ません。上層階でも、あるいは北向きでも、機械的にコントロールされた温熱環境を満たすために膨大な熱や電気エネルギーを消費することになるのです。「技術によっていかなる環境においても同一の屋内環境を生み出すことができる」という近代主義思想の結果がこうした現実を招いているのです。

東京はカオスと秩序が混在している街として西欧の人々から未来的といわれてきました。しかしいまカオスの部分が次々に消え、秩序ばかりが目立つ街に変わろうとしているのです。渋谷にしても、ティーンエイジャーでむせ返る熱気に溢れたセンター街や、やや猥雑な空気を残した線路脇の飲み屋街は、はたしていつまであのアジア的なエネルギーを持続できるのでしょうか。

～～～～～～～～～～～～～～～～～～～～

多くの人から東京の街はつまらなくなった、と聞かされます。ひたすら進む「均質化」、こころなしか街を行く人々の表情までも均質化しているように感じられてしまいます。

～～～～～～～～～～～～～～～～～～～～

私たちはいま、手詰まり状態の近代主義思想を脱してアジアのエネルギーを回復しなくてはならない、そのためには人と自然、建築と自然、そして街と自然が親密な関係を取り戻す思想への変換が不可欠です。近代の壁、それは人と自然の間を隔てている堅固な壁なのです。その壁が除去された時、私たちの前には21世紀の夢が見えてくるに違いありません。

	004	はじめに

序章　010　「建築=自然」という夢

第1章　020　20世紀建築の夢──ル・コルビュジエとミース・ファン・デル・ローエ

1-1	024	コルの夢
1-2	033	ミースの夢
1-3	039	コルとミースの身体感覚

第2章　046　近代主義建築の限界

2-1	048	コルとミースにみる近代主義思想
2-2	050	近代主義建築の限界
2-3	055	ル・コルビュジエのインド

第3章　066　アジアから発信する建築は可能か

3-1	068	アジア的なるもの
3-2	073	渦の力
3-3	089	場所をつくる
3-4	116	時間をデザインする
3-5	121	境界を曖昧にする
3-6	139	理性を超える

目次

作品

1	074	台湾大学社会科学部図書館
2	096	みんなの森 ぎふメディアコスモス
3	124	高雄国家体育場
4	128	新国立競技場整備事業公募型プロポーザル応募案
5	134	バロック・インターナショナルミュージアム・プエブラ
6	142	台中国家歌劇院

166	あとがき
170	作品データ

Toyo Ito | Towards a New Architecture in the 21st Century

21世紀の建築をめざして

Prologue 序章

「建築=自然」という夢

建築家は建築を考えるとき、どんな夢を抱いているのでしょうか。建築家はそれぞれ異なる夢を描いていますが、私にとっての建築の夢とは、自然と建築とがひとつになること、「建築=自然」です。すなわち、建築の中にいるのか、それとも自然の中にいるのかわからなくなってしまうような、その境界がはっきりしなくなってしまうような建築をつくりたいといつも考えています。たとえば図書館を考えるときに「爽やかな風が吹いてくる木陰で本を読む」ような空間[01]はどうしたら実現できるだろうか、とよく考えます。それを実現するためにはさまざまな思索や技術が必要なのですが、建築を実現するためにはほとんどの場合「幾何学」が必要になります。

爽やかな風の吹く木陰で本を読むイメージ
01

「台湾大学社会科学部」の図書館では次のような幾何学を用いました。

通常建築に用いられる幾何学はXYZ軸が直角に交わる直交座標「カルテジアン座標」を用いるケースが圧倒的に多いのですが、この建

スパイラルを描きながら
放射状に延びる座標から
作成した図形
02

築ではスパイラルを描きながら放射状に延びる座標によってつくられました。図のように右廻り、左廻りのスパイラルによって蓮の花のような図形が描かれます[02]。このパターンをいくつも結び合わせながらこれら図形の各交点を柱の位置と定め、柱が受け持つ屋根スラブの形状をボロノイ図法*1に従って決定すると、大小の蓮の葉を連ねたような構造体が誕生するのです。

1｜ボロノイ図——同一平面上の複数の点(母点)に対して、同一距離平面上の他の点がどの母点に近いかによって領域分けされた図。

屋根スラブの間には三角形状、あるいは菱形の空隙が生じるので、木もれ日の差してくるような空間が生まれ、「木陰で本を読む」イメージの空間が実現しました[03]。

「台湾大学社会科学部」
図書館の天井見上げ
03

もうひとつの例を紹介しましょう。ベルギーのゲントという街でコンサートホールのコンペティションが行われたときに、チームの人たちに1枚のスケッチを描きながらこんな話を伝えました。ポルトガルのコインブラで、ファドのコンサートを聴きに行ったときのことです[04]。夜の10時頃、ホールに案内されると思っていたら、街中のカフェのテラスのようなところ、実は階段の踊り場なのですが、そこに2人の歌手が入れ代わり立ち代わり現れてはファドを歌うのです。みんな石段に座ったりカフェのテラスのテーブルに座ったりして聴いているのです。犬を連れた通行人が歌手の脇を通過していっても誰も気にしません。周辺の音も入ってくるけれども、気楽で楽しい。負けてもいいからストリートコンサートをしているような楽しいホールができないだろうか。ここからコンペティションはスタートしました。

ポルトガルの
コインブラで体験した
屋外コンサートのスケッチ
04

ゲントのプロジェクトでは敷地が運河に沿った不整形の土地で、いろいろな方向からアプローチでき、正面の入口がつくれない場所だったのです。だから各方向からの小さなストリートが建築の中まで浸透しそれらが集まって、広場になったところをメインのホールにしようと考えたのですが、勝つことができませんでした[05-07]。

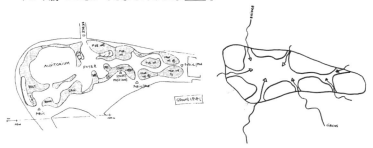

ゲントの
コンサートホールの
コンペティション案の
スケッチと模型
05-07

私たちの意図をほとんど理解してもらえなくて、悔しい思いをしていたときに、「台中国家歌劇院（台中メトロポリタンオペラハウス）」のコンペティションがあり、同じ幾何学を用いて再度チャレンジしました。

ここでの幾何学は「エマージング・グリッド」と呼ばれているのですが、直交するグリッド（碁盤目状のパターン）からスタートして、それを変形しながら3次元曲面の連続体に変えようという手法です。

まず2枚の平面にグリッドを描き、1マスおきに、つまり市松状に円を描きます[08]。上下の平面で円の位置はずれています。これらの円を伸縮性

のある布で結ぶと曲面によって分割される2つの空間が生じます。この操作を垂直方向に2回繰り返すと水平方向にも垂直方向にも連続する2組のチューブ状の空間が生まれます[09-11]。これがこのオペラハウスの基本的な空間です。この内部を要求されたプログラムに沿って変形させて複雑な構造体に変えるのです。

「エマージング・グリッド」を変形しながら3次元曲面の連続体をつくる
08-11

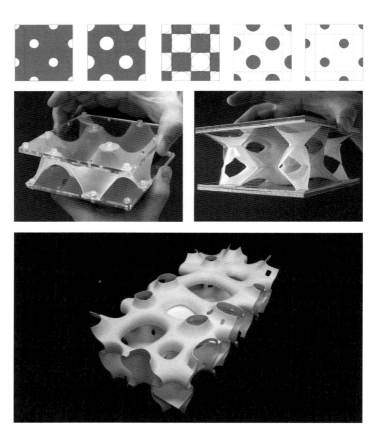

この幾何学に基づく構造体を現場打ちのコンクリートで実現するのは至難の技でしたが、コンペティション以来11年近くを経て2016年9月末に無事オープニングを迎えることができました[12]。オープン以来毎日たくさんの人で賑わっていますが、予想外だったのは3つの劇場以外の、エ

ントランスホールや屋上、屋外広場などで絶え間なく小さなイベントが行われていることでした[13]。

「台中国家歌劇院」外観
12

「台中国家歌劇院」エントランスホールでのコンサート
13

当初イメージしていたストリートコンサートの楽しさが実現されたのです。これは私にとって最も感動的な出来事でした。

私にとって建築の夢は決して難しい話ではなく、野外で本を読んだりコンサートを聴くような自由な楽しさをどうやって建築空間として実現できるだろうかと考えることから始まるのです。

しかし、こんな小さな夢が21世紀の建築を開く壮大な構想に拡がる可能性を秘めているように思うのです。20世紀の建築は、技術によって自然を支配できると考え、自然から切り離された人工環境ばかりをつくり続けてきました。その結果、世界の都市はその土地独自の歴史や地域性を失い、均質な建築や都市空間を生むことになってしまったのです。

私たちは新しい技術や幾何学を用いて、再び自然に開かれた建築を実現する時期を迎えているのではないでしょうか。

序章 | 「建築=自然」という夢

Chapter 1

第1章

第1章｜20世紀建築の夢──ル・コルビュジエとミース・ファン・デル・ローエ

20世紀建築の夢──ル・コルビュジエとミース・ファン・デル・ローエ

20世紀の建築家で最も大きな夢を描いたのはル・コルビュジエとミース・ファン・デル・ローエという2人の建築家です[01,02]。この2人の夢がどのようなものであったのかを考えれば、20世紀の建築の本質が見えてくる、といっても過言ではないでしょう。2人は生まれたのが1年違いなのです。ミースは1886年に生まれ、コルビュジエは1887年。亡くなったのはコルビュジエの方が4年早く1965年で、私が大学を卒業した年です。

2人の建築家は同じように20世紀の夢を描いたのですが、まったく異なる夢でした。

ル・コルビュジエ
<01

ミース・ファン・デル・ローエ
02>

建築家は夢を描くといっても、最初は雲をつかむように何をイメージしていいかわからない状態から始まります。さまざまな技術を用いたり、それぞれの設計プロセスの中で多くの試行錯誤を経て次第に輪郭がはっきりしてくるのですが、ほとんどの建築家はその過程で幾何学形態

を用います。コルビュジエの場合は、立方体や円筒といったピュアな立体を組み合わせて建築を形にしました[03]。

ル・コルビュジエの
幾何学による
夢の具体化
03

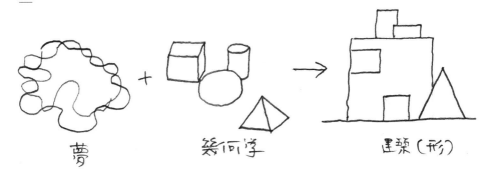

夢　　幾何学　　建築（形）

一方ミースは、同じように雲をつかむようなところから考え始めながら、まったく違った幾何学、「カルテジアン座標」と呼ばれているXYZ軸方向の直線からなる立体格子を用いて建築を考えました[04]。ミースはコルビュジエと違って独自の形態をつくらないというのですが、その点は後で詳しく説明しましょう。

ミース・ファン・デル・ローエの
幾何学による夢の具体化
04

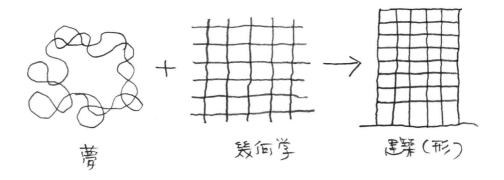

夢　　幾何学　　建築（形）

1-1 コルの夢

まずコルビュジエから見ていきましょう。コルビュジエは『建築をめざして』と題する近代建築のマニフェストを1923年に出版しています。この本はそれまでに彼が書いたエッセイをまとめたものです。

その中で彼は、今日までに及ぶ近代主義建築のきわめて重要な言葉を記しています。たとえば「住宅は住むための機械である」といっています。

住宅は住むための機械である。風呂、太陽、お湯、冷水、お好みどおりの温度、料理の保存、衛生、それ相応の美しさ。肘掛け椅子は坐るための機械である、等々。(略)水差しは洗うための機械である。

[『建築をめざして』、内野正樹訳]

コルビュジエは「住宅は住むための機械である」という言葉通りに住宅を機械のように機能的な存在、と見なしてデザインするのですが、その言葉を象徴するように、彼の住宅の写真には前面によく車が写っています[05]。当時車は新しい技術を集約した魅力的な機械でした。コルは住宅を車と同じように新技術を用いた魅力的な機械のような存在であ

ル・コルビュジエ
「スタイン邸」1927年
05

る、と主張したのです。しかし車は自然の中を自由に走り廻っていますが、自然から自立した存在です。そのメカニズム、歯車やエンジンなどすべての部品がそれぞれの役割を持っていて、できるだけ速く走るとか、できるだけ排気ガスを出さないで走るなど、特定の目的を設定して、そのためにそれぞれの部品に最適な機能を持たせるのです[06]。これは自然界の複雑な事象から特定の目的だけを抽出することによって初めて可能となるのです。コルは住宅も機械のように組み立てられると考えたのです。今日でも私たちは住宅を設計するときに、機能という言葉をよく使いますし、機能的であることを求められます。

先端技術を駆使した機械＝車のイメージ
06

しかし、これは大きな問題ではないでしょうか。自然から建築が切り離されてしまうのです。近代以前の日本の住宅は自然との境界がはっきりしないくらい、自然に溶け込んでいたのですが、コルのような機械主義的思想では日本の伝統的住宅を考えることは不可能です。

さらに『建築をめざして』の文中では、

1 建築は、光のもとに集められたヴォリュームの、巧みで正確で壮麗な戯れである。われわれの目は、光のもとで形態を見るようにできている。光と陰が形を露にするのだ。
2 立方体、円錐、球、円筒や角錐は初源的な、大いなる形態で、光はそうした形態を見事に示してくれる。そのイメージは明瞭確実で、曖昧なところがない。

3　それゆえに美しい形態であり、最も美しい形態である。誰もがこのことには同意する——子供も野蛮人も形而上学者も。これは造形芸術の条件そのものである。

[『建築をめざして』、同上]

•

とコルはいっています。だからコルビュジエの建築はこのような幾何学形態の組み合わせからできているのです。

•

1922年にコルビュジエは「300万人のための現代都市」という都市計画のプロジェクトを提案します[07,08]。さらに25年にパリで開かれた装

ル・コルビュジエ
「300万人のための
現代都市」1922年
07,08

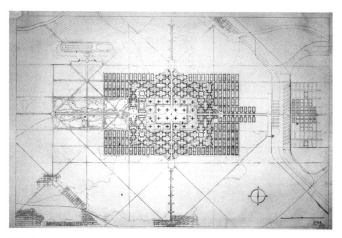

飾博覧会に自らデザインした「エスプリ・ヌーヴォー館」[09]の展示のために、先の計画をパリ中心部にあてはめた「パリ・ヴォワザン計画」[10]を提案します。

 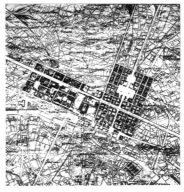

ル・コルビュジエ
「エスプリ・ヌーヴォー館」
1925年
<09

ル・コルビュジエ
「パリ・ヴォワザン計画」
1925年
10>

●

この2つの計画にはいずれも高層のオフィスタワーと中層の集合住宅によって大地を緑地として開放し、また立体交差による歩車分離を徹底するなど未来都市への斬新な提案が描かれています[11,12]。

●

とりわけパリ、シテ島の北、現在のポンピドゥー・センター周辺に適用された「ヴォワザン計画」では、既存のパリの街並みとのコントラストをはっきりと見ることができます。コルは既存の街を緑もなく陽も当たらない不衛生で不健康な場所と決めつけ、自らの提案の素晴らしさをアピールするのです。

●

彼の提案の特徴は、まず土地を均質なブロックに分割し、そこに直交する道路網を通します。各ブロックには十字形のオフィスタワーや雁行する集合住宅を十分な間隔をとって配置し、その間を緑地で満たすというものです。

●

コルビュジエの生誕100年を記念してパリのコルビュジエ財団が1986

ル・コルビュジエ
「パリ・ヴォワザン計画」
1925年
11, 12

年に製作したビデオの中で、彼自身が次のように話しています。

「私の提案は機械文明の生活の中で混乱してしまった自然の条件、太陽、空間、緑を見直すこと、つまり宇宙的な自然を見直す事だ。人間はこれなしでは死ぬ。(中略) 技術は自由をもたらした。どこへでも行ける自由。様々な地平が征服できる。至近距離でものをみたり、家々の建ち並ぶ道やファサードからなる都市ではなく、高い建物の周りに何ヘクタールもの土地が解放される。人間の経験は増え、完全な緑の都市ができる」　　　　　　　　　　　[建築都市ワークショップ発売、多木浩二訳]

　ぎっしりと立て込んだパリの街並みの間から純粋幾何学で構成されたピュアな建築が立ち上がる姿は、当時の人々にとってコルの夢がいかに未来的であったかが想像できます[13]。

　高層化によって緑地を生む都市の再開発手法は、東京をはじめとして

ル・コルビュジエ
「パリ・ヴォワザン計画」
1925年
13
──

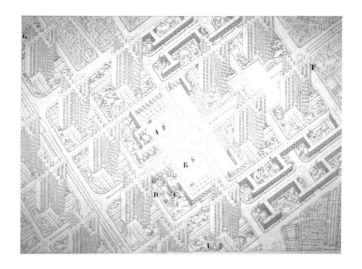

世界各地で今日も続行されています。

●

しかし「パリ・ヴォワザン計画」からもはっきりと読みとれるように、既存の街並みと提案エリアの境界は明確で、完全に分断されます。再開発エリアでは従来の土地が継承してきた歴史や地域の特徴はすべて失われてしまうのです。

●

また開発エリア内においても、オフィス、住居、公共施設、公園など、コルの提案は「機能」によって切り分けられます。機能に従って最も効率の良い都市空間を生み出そうとするのは、20世紀の都市全体に共通する特質といえるでしょう。

●

さらにコルビュジエの自然に対する思想はきわめて西欧の近代主義的です。すなわち自然は生な自然そのものではなく、技術によってコントロール可能な存在であり、人工的に手を加えられた自然なのです。

●

コルビュジエは、近代建築のマニフェストともいうべき5原則を1926年に

提案しています。それらは以下の5項目です。

1　ピロティ（建物を持ち上げて下を都市に開放する）
2　ルーフガーデン（屋上に緑をつくる）
3　自由なプラン
4　水平連続窓
5　自由なファサード（壁などを構造体から解放することによって自由にデザインすることができる）

[14]

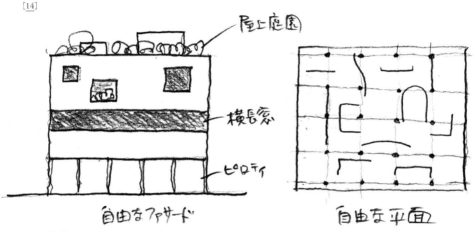

ル・コルビュジエ
「新しい建築の5つの要点」
のイメージ
14

この5原則にもっとも忠実に実現された例が、有名なサヴォワ邸（1929–31）です[15]。

「サヴォワ邸」はパリ近郊の緑に囲まれた敷地に建てられた3階建ての住宅です。1階の周辺部はピロティで囲まれ、U字形の内部はエントランスホールとガレージ、エントランスの正面からは屋上まで通じるスロープが延びています[16]。2階は50×52.5mの大きな矩形の平面を持ち、テラスとダイニング、リビングスペース、2つのベッドルームなどからなるメインフロアです。3階は曲面壁に囲まれた小部屋と屋上庭園です。

ル・コルビュジエ
「サヴォワ邸」1931年
15

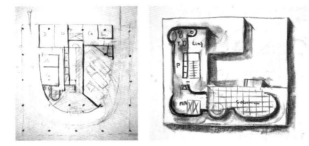

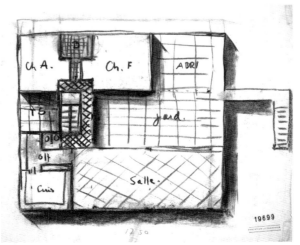

ル・コルビュジエ
「サヴォワ邸」平面スケッチ
（スタディ段階のもの）
16

各室はある程度壁に囲まれてはいるものの、中央のスロープと連続した流動的で大きなテラスなどにも開かれた自由な空間で構成されています[17]。これは「ドミノ」と呼ばれるフラットな床スラブと柱からなる構造体が基本になっているからです。つまり壁は柱から独立して自由に空間を仕切ることができるのです。

ル・コルビュジエ
「サヴォワ邸」。
2階のテラスから
リビングを見る
17

またファサードを含む各外壁も柱から自立しているので、水平連続窓をはじめとして自由な開口をつくることが可能になっているのです。コルが提案した近代建築の5原則はすべて、この住宅において見事に実現されています。

先のビデオの中でコルビュジエは「サヴォワ邸」についても次のように語っています。

「鉄筋コンクリートの構造つまり充分に分散配置された柱や自由な間仕切りからなるプランを私は自由なプランと呼ぶ。もはやかつてのように壁に封じ込められ、一つのドアで閉じられ窓だけが開いている昔の部屋ではない。部屋はさまざまな分割が可能なひとつの容器である。そこに

は内部で色々な間仕切りが考えられる。但し、間仕切りはサロン・寝室等という部屋を作るためではなく形態の複合体を生むためのものだ」

1-2　ミースの夢

では今度はミースの夢について考えてみましょう。ミースはちょうどコルと同じ時期に、有名なスカイスクレーパーのイメージを描いています[18]。

 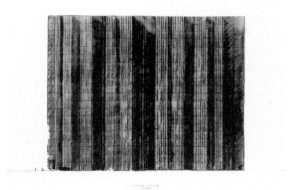

ミース・ファン・デル・ローエ
「フリードリヒ街
オフィスビル案」1921年
<18

同立面
19>

ミースにとっての生涯最大の夢は1921年にコンペティションに応募した鉄とガラスのオフィスタワーの提案に集約されています。実現こそしませんでしたが、そのイメージは今でも新鮮であると同時に不思議です。鉄とガラスの透明なタワーのはずですが、不透明な壁のようにも見えるからです。そのエレベーションを見ると、より一層壁のイメージが強く見られます[19]。下に既存の石や煉瓦でつくられた街があります。このコントラストが未来的といえるでしょう。

そしてその翌年に、このイメージを展覧会に出展するため模型にしまし

た。この方が空中に溶けていくようなイメージに見えます。プランからは周辺の不定形な曲線が周辺にどこまでも拡がっていくイメージを連想させます。石や煉瓦の街並みから空中高く建ち上がっていくスカイスクレーパーの姿はものすごく強いインパクトを与えます[20, 21]。

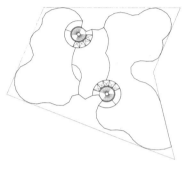

ミース・ファン・デル・ローエ
「ガラスのスカイスクレーパー案」1922年
<20

同平面
21>

スカイスクレーパーのイメージを描いてから間もなく、ミースは次のような建築思想を語っています。

ミースの言葉(1923)

1　建築は空間へと翻訳された時代の意思である
2　われわれは形態(form)の問題を認めない、認めるのは建築物(building)の問題である
3　形態は我々の目的ではなく、結果でしかない
4　形態は、それ自身としては存在しない
5　形態の意図するところはフォルマリズムであり、それをわれわれは否定する

[フィリップ・ジョンソン編『MIES VAN DER ROHE』ニューヨーク近代美術館、邦訳著者]

これらの言葉はコルビュジエの言葉とまったく対照的です。ミースの建築は「形」を表現する作品主義を徹底的に否定するのです。

それは個人の表現レベルを超えた「時代の意思」でなくてはならない、実に強烈な言葉です。建築の問題を論ずるのにあえてアーキテクチュアといわずにビルディングの問題だといいます。しかしいくら「形」を否定しても現実に実体として建ち上がった存在は何らかの形態を備えてしまう。ミースにとってそれはあくまで結果でしかなく、フォルマリズム（形態主義）を徹底的に否定するのです。

形を否定したミース・ファン・デル・ローエの空間イメージ
22

私が描いたミースの空間イメージは次のようなものです。既存の都市空間からも自然からも切り離され、グリッドだけが虚空に消えていくイメージです[22]。

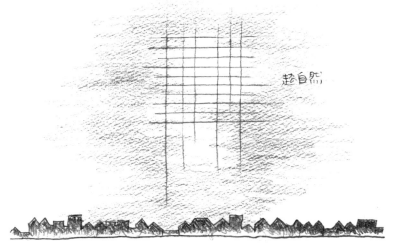

この言葉を実現するためにミースは鉄骨の柱・梁のみで構成されるグリッド（立体格子）の空間を提案します。コルビュジエが直交座標の中に幾何学的な形態を描くのに対して、ミースの空間は座標軸そのもののイメージといえます。いずれも抽象的な建築空間を提案しているのですが、抽象絵画を例にとって言い換えれば、フェルナン・レジェとモンドリアンに喩えることもできるでしょう[23, 24]。

フェルナン・レジェ
「3つの顔」1926年
<23

ピエト・モンドリアン
「ブロードウェイ・ブギウギ」
1942–43年
24>

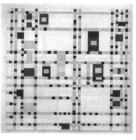

ミースの建築は住宅よりもオフィスビルにふさわしいと一般的にはいわれていますが、当初のスカイスクレーパーのイメージに最も近いのは1951年にシカゴに建てられた「レイクショアドライブ・アパートメント」です[25, 26]。

ミース・ファン・デル・ローエ、
工事途中の
「レイクショアドライブ・
アパートメント」
<25

ミース・ファン・デル・ローエ
「レイクショアドライブ・
アパートメント」1951年
26>

ツインタワーはいずれも中央にエレベーターコアを備え、四周を均質なグリッドのフレームで囲む住空間がつくられていますが、とりわけ工事中の写真を見ると、鉄のフレームのみの純粋なグリッドが「時代の意思」「ビルディング」「形態の否定」を彷彿とさせます。

周囲をよく似た高層ビルに囲まれた現代の姿を見ると、ミースの建築は都市空間に埋没しているように感じられますが、その姿こそ正しく個

を超えた「時代の意思」といえるのでしょうか。

●

ミースにとって最高傑作は1958年にマンハッタンに建てられた「シーグラム・ビルディング」といわれています[27]。もちろんこのオフィスも均質なグリッドで構成されているのはいうまでもないのですが、このビルの傑作たるゆえんは空間の透明さよりも「もの」のもつ艶やかさにある、といえます。鉄とガラスという一般的な言葉では表現できないブロンズサッシュや内部の石、ガラスの厚さなどによる質感というべきでしょうか。これは初期の「バルセロナ・パビリオン」にも通じることですが、私にはあのスカイスクレーパー・プロジェクトのドローイングに見られた壁の存在感に通じているように思われてならないのです。

ミース・ファン・デル・ローエ
「シーグラム・ビルディング」
1958年
27

●

ミースは個の作品主義を否定したとはいっても、彼の空間に感じられるものの持つ質感が、ミースの身体の奥底に潜んでいたといえるのではないでしょうか。

●

ミース・ファン・デル・ローエの最上の建築には独特の質感があるとはいえ、一般的に彼の建築空間は「ユニヴァーサル・スペース」と呼ばれてい

ます。柱と梁からなるフレームが水平方向にも垂直方向にも連続しているのですから、その空間は「どこも同じ」「均質」だから「ユニヴァーサル（普遍的）」といわれるのです。これほど自然界から遠い空間はありません。

●

地球上のあらゆる場所に、2つと同じ場所はありません。気候や風、水などの影響によってそれぞれに異なる場所が形成されています。それゆえにそれぞれの場所の植生も、棲みつく動物も異なっているし、人間の生活習慣や住まいのあり方も違っているのです。「地域性」や「歴史性」の違いもそうした場所の違いに基づいてつくられてきました。

●

しかしミースの提唱した「ユニヴァーサル・スペース」はそうした場所の違いをまったく認めません。ありとあらゆる建築空間は均質でなくてはならないのです。「20世紀の建築は技術を駆使して、世界のいかなる地域においても同じ建築をつくることができる」という主張もこのような思想をベースにして初めて可能といえるのです[28]。

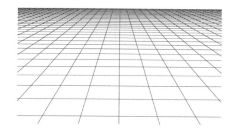

「ユニヴァーサル・スペース」ではどこまでも均質な建築空間が続く
28

●

ミースはこのような空間を根拠に「レス・イズ・モア（Less is more）」といいました。均質であることはより有効であるといっているのです。この言葉はコルビュジエの「機械」という思想と真逆です。なぜなら機械を構成する各要素はそれぞれに異なる働き＝「機能」を備えており、それぞれの機能にふさわしい空間を用意するのがベストだと考えます。それに対してミースは何もないスペースの方がどんな使われ方にも対応できると主張します。

20世紀の建築は、まったく対照的なこの2つの思想に基づいてつくられた、といっても過言ではありません。しかも興味深いのは、コルの考えは主として住宅や公共建築において実現され、ミースの考えはオフィスビルにおいて展開された、という事実です。この理由を考えるために、20世紀の建築思想を二分した2人の巨匠の身体感覚について考えてみましょう。

1-3　コルとミースの身体感覚

コルビュジエの作品集には彼自身が描いた建築空間のドローイングがたくさん見られます。元来饒舌なコルは建築家であると同時に画家でもあり、建築家としては異例に手が動いたからでしょう。

一方寡黙なミースはスケッチも少ないのですが、それでも自らの空間のイメージを伝えるドローイングは何枚もあります。

2人のドローイングにはいずれも人物が描かれているのですが、その違いが実に興味深いのです。

たとえばコルの作品集に掲載されている2枚の住宅内部のスケッチを見てみましょう[29,30]。どちらもきわめて具体的です。家具はもちろんのこと、カーテンや床の敷き物、キッチンの食器や本棚の中の書籍までもが描かれています。そしてその中に男性や女性が描かれているのですが、いずれも肉付き豊かで生活臭溢れる人物像です。

作品集1(1910-29)の中では集合住宅のテラスでサンドバックに向かっ

ル・コルビュジエ
「イムーブル・ヴィラ」の住宅
内部スケッチ, 1928-29年
29
___

ル・コルビュジエ
「M.A.S. 乾式構造の住宅」
内部スケッチ, 1939-40年
30
___

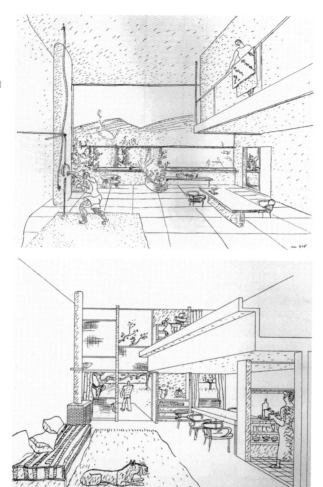

てボクシングをする男性（夫）が描かれています[29]。その姿を上階から見下ろす女性（妻）、2人とも肉感溢れる男女です。つまりコルのドローイングに登場する人物像は日々の暮らしを楽しむ健康な人々です。

●

ではミースのドローイングに登場する人物はどうでしょう。ミースのドローイングはコルに比べるとはるかに抽象度が高く、消え入るような淡い線で描かれています。点景として描かれている樹木も、コルの樹のように葉

の生い茂った生命力溢れる樹木ではなく、針金でつくられた柳のような樹木です。その中にポツリと置かれた人物の姿、それは男女の区別すら見分けのつかない彫像のように抽象的な人物像です。バルセロナ・パビリオンの水の上に立つブロンズ像に象徴されるように表情もなく、肉体を感じさせません[31,32]。

ミース・ファン・デル・ローエ
「ゲリッケ邸案」1930年
<31

ミース・ファン・デル・ローエ
「フッベ邸案」1935年
32>

対照的な2人のドローイングに見られる人物像から2人の建築に対する夢の違いを想像することができると思います。

2人とも石や煉瓦でつくられ、歴史の臭いをぷんぷんとさせた街並みから独立した抽象的な建築の夢を描きました。しかしコルの夢は生活臭の溢れる具体的でリアルな「もの」に囲まれた建築へと戻ってきます。それに対しミースの夢は、「もの」のリアルさから遠ざかって男女の性さえも失ってしまう中性的、抽象的な人間しか存在しない空間です。

この人物像の違いを見ると、コルの思想が居住空間に受け入れられ、ミースの思想がオフィス空間に受け入れられた、という事実がわかるような気がします。なぜなら居住空間は家族のためのリアルな空間を求められるからであり、オフィス空間は基本的にデスクワークを中心にしたヴァーチャルで稀薄な人間関係のための空間といえるからです。

居住空間は食べる、寝る、入浴する、セックスするといった人間の最もプリミティブな生理的行為に根ざしているので、その空間も具体的であらざるを得ないのです。一方、現代のオフィス空間はグローバルな資本主義社会をベースにすえた空間であり、ものを介さないヴァーチャルな経済システムによって成り立っているのです。そうしたヴァーチャルな経済を最も効率良く機能させるためにはミース的な均質空間がふさわしいといえるのです[33]。

リアルな居住空間と
ヴァーチャルなオフィス空間
33

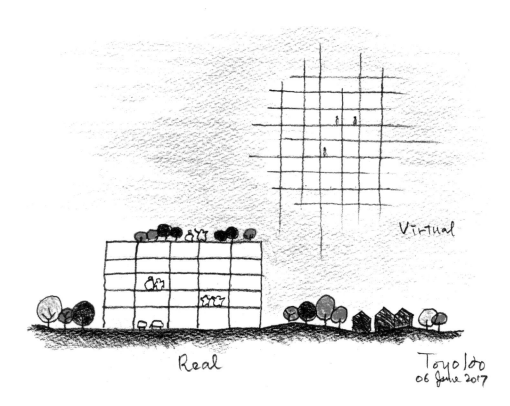

コルとミースの建築思想は、急激な人口増加とそれに伴う都市化現象の中で世界の大都市に受け入れられ、高層化を進め、その勢いは21世紀の今日も続いています。

・

しかし2人の描いた純粋な夢の建築、夢の都市は今日実現されたといえるのでしょうか。

・

コルやミースの生きた時代と今日の大きな違いは資本主義社会の変化です。2人が夢を描いた時代の社会は「もの」の交換を前提にして経済の拡大を志す社会でした。人々は汗を流して働くことによって夢を叶えることができると信じていました。コルのスケッチに描かれた健康で幸せな生活がすべての人にもたらされる、と考えることのできた社会だったのです。

・

しかし現代社会は国境を超えたグローバルな規模で、「もの」を介さずにヴァーチャルな貨幣の交換によって経済活動の行われる社会です。こうした経済活動に参加できるのは限られた人々であり、資本主義社会での経済格差は拡大する一方です。ミースの描いたスカイスクレーパーの夢は、このヴァーチャルな経済活動を行うための空間となってしまいました。人々は無限に拡張されるユニヴァーサル・スペースの中でひたすらコンピューターの画面に向かって孤独な労働を強いられているのです。

・

一方、高層化された集合住宅も一部の限られた人々のみが獲得できる空間となり、経済の豊かさを誇示する空間となりつつあります。高層化が進めば進むほど、人々は自然から切り離された生活を強いられることになります。居住空間はリアルであるとはいっても、コルの描いた「太陽と緑と空間」という具体的で健康な夢からはかけ離れたものになってしまったように思われます。すなわち現代都市においては、オフィスのみなら

ず居住空間さえもミース的なヴァーチャルな空間になりつつあるといえるのではないでしょうか。このような空間で人々はミースの描いた人物像のように表情の乏しい抽象化された人間になってはいないでしょうか。人々までもがヴァーチャルな存在になっているように思われるのです。

・

歴史も場所の特性も失いつつある現代都市……。現代都市は、記憶を喪失した高性能なロボットの群れのようなSF世界のような存在になってしまうのではないでしょうか。このあたりで私たちは、新しい未来へ向かう夢を描き直さなくてはならないのではないでしょうか。

Chapter 2

第2章

近代主義建築の限界

2-1　コルとミースにみる近代主義思想

前章でコルとミースは建築に対する思想がいかに違っているかがわかりました。それぞれの思想を建築化するために異なる幾何学を用いていることも見ましたが、2人はともに「新しい技術によって自然を克服できる」と考えた点では共通しています。建築を自然から切り離し、自然界から独立した人工的な秩序を築くことによって人を自然から解き放つことができる、と考えたのです。

ギリシャ時代から建築は、幾何学を用いて自然から自立した人工の美を築くと考え、それを誇りにしてきたのです。

近代主義思想は、科学的技術の進化に基づいてこの考えをより強固なものにしました。

初期のコルビュジエもこうした近代主義思想に基づき、「住宅は住むための機械である」と主張しました。複雑な人間の行為も単純な要素に分解し、それら要素の組み合わせとして「機械」のように構築できると考えたのです。これは近代の機械論的世界像に他なりません。すなわち、自然界の複雑な事象もそれらを構成する要素に分解できるし、それぞれの要素に潜む法則を解き明かしていけば全体も解決できる、と考える思想です。

確かに20世紀の私たちの生活は、機械の進化によって便利なものとなりました。しかし私たちの社会は便利さや機能性によってすべてが解決できるわけではありません。人間の行為は「機能」という概念によって要

素に分解できるほど単純ではありませんし、人と人の良好な関係も便利さによって生まれるのではありません。そこに建築や都市を考える難しさがあります。むしろ機械文明の発達した社会で、便利さや機能性、性能などでは解決できない側面を請け負っているのが建築といえるのではないでしょうか。人々にとっての幸せな生活、あるいは私たちにとって幸せな社会を、私たちは建築を通して考えなくてはならないはずなのです。

▲

一方ミースの建築思想はコルのような機械主義的なものではありませんでした。逆に人間の行為に対応する空間を機能によって限定するのではなく、カルテジアン座標の空間そのもののように抽象化してしまうのが最も有効だと考えたのです。だから彼は「レス・イズ・モア（Less is more）」といい、「ユニヴァーサル・スペース（普遍的空間）」を主張したのです。

▲

しかし水平、垂直のフレームだけが無限に連続する空間、そうした均質な空間ほど自然から遠い空間はありません。洞窟や樹上で動物とともに暮らした人類の祖先は、自らの手によって家をつくり、それを建築として美化することによって自然の中に人工的な秩序を築きました。そのために人は幾何学を用いたのです。ミースの描くユニヴァーサル・スペースは、そうした秩序化の究極の空間といえるでしょう。それは人類がかつて経験したことのない恐ろしくもあり、かつ魅惑的な空間に思われます。

▲

しかし、動物はおそらく無菌室のように透明で均質な空間の中で生き永らえることはできません。人も本来は大地で緑に接し、太陽や水の恩恵を受けないと生きていけないはずなのです。でも人間は動物と違って人工的な秩序をどこまでも推し進めようとします。最も自然から遠い空間が最も魅惑的だと考えるのです。ですから、ミースの描く世界を敷衍して、地球上がすべて均質なグリッドに覆われた状態を想像すると、それはエントロピーの極限状態の空間であり、生命が存在しえない世界、とさえ

いえるのではないでしょうか。

コルの描いた夢が此岸の世界であるとすれば、ミースの描いた夢は彼岸の世界であったように思われます。

2-2　近代主義建築の限界

近代主義思想はデカルト(1596−1650)の「我思う故に我あり」という言葉から始まったといわれています。デカルトは、カルテジアン座標の提唱者としても知られていますが、重要なのは「近代的自我」を主張したことです。

なぜなら「近代的自我」を唱えることによって、人々は「個」の確立に目覚め、「プライバシー」を主張するようになりました。「個」の集合体としての「市民社会」が誕生する契機ともなりました。

それ以前の人々は「村落共同体」と呼ばれる組織の中で、「共同体」という集団の利益のために働いていました。個は集団の中に埋もれていたのです。

しかし個に目覚めた人々は「共同体」から自立して「近代的理性」を備え、自らの利益のために働くようになりました。「労働」という概念が生まれたのも近代以降です。

個人はより大きな利益をあげるために個の集合体(企業)を形成し、企業による経済活動に基づく都市社会を発展させました。

この過程で、「近代的理性」に基づいて「自然は技術によって克服で

きる」と考えたのです。それ以前の人々は、「自然は恐ろしい存在であり、人間が到底克服できるものではない」と考えていましたから、彼らにとって生産とは「祈り」のようなものでした。彼らは神に祈りを捧げ、豊作や豊漁に感謝したのです。今日でも各地で行われる祭りは、そうした神への祈りと感謝のしるしです。

2011年の東日本大震災の津波によって流された三陸地方の街は、近代化から取り残された地域でした。したがって人々はいまだに「村落共同体」的性格を維持して農業や漁業に従事してきました。自然を恐れ、自然に祈りを捧げ、自然の恵みに感謝してきたのです。ところがそのような地域に対する国の復興計画は「近代主義思想」そのものでした。防波堤を築き、山を切り崩して、海辺の都市を嵩上げする、といった手法をいずれの街でも敢行しています。「技術によって自然を克服できる」と信じ切っているからです [01, 02]。

防波堤をつくり山を切り崩して嵩上げをする東日本大震災の復興計画 <01

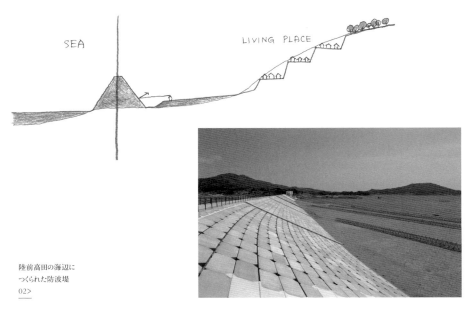

陸前高田の海辺につくられた防波堤 02>

復興計画に見られるように現代の日本は近代化をいち早く成し遂げ、都市の繁栄を謳歌しているように思われますが、私たちは依然として「自然を恐れ、自然を愛で、自然に祈りを捧げ、自然に感謝する」という気持ちをどこか心の中で持ち続けています。これは日本人だけでなく、アジアの人々に共通の意識です。

▲

われわれは近代化に憧れ、その結果近代主義思想に覆われた生活を営みながらも、他方で「人は自然の部分である」という思想をも併せ持っているのです。

▲

しかし現実の大都市は、グローバル経済の下でひたすら高層化、巨大化を推進しています。高層化、巨大化が進行すれば、オフィスにしろ住居にしろ外部環境から切り離された人工環境となることは避けられません。人々は自然から遠ざかった生活を強いられることになるのです。すなわち、熱い地域でも寒い地域でも、機械設備によって快適な環境をつくることができる、と考えるのです。こうした建築の人工環境化によって、世界の都市はひたすら均質化を推進することになりました。映像でみる限り、高層ビルの林立する大都市はいずれと識別することさえできません。

▲

このような人工環境を維持するためには膨大なエネルギーが必要です。その結果地球温暖化が進むのは当然です。千葉大学教授（当時）、川瀬貴晴氏の報告（東京ガス『LIVE ENERGY』Vol.91、2009）によれば、人は呼吸によって1日約100gのCO_2を排出するのですが、現代のオフィスビルの中にいると空調その他の機械設備を利用することによって約10倍ものCO_2を排出する、というのです。オフィスビルで働いているだけで、10人分のCO_2を排出するということになります。

▲

また自然から切り離された人工環境で働いたり暮らすことによって人間

の身体はどのような影響を受けるでしょうか。第1章で比較したコルとミースの身体感覚を思い起こして下さい。太陽と緑の必要を唱えたコルが描いた身体像は肉感溢れる男女でした。それに対してミースの描いた身体像は中性的で、凍りついた彫像のように抽象的な人間でした。この対比を「リアルな身体(生な身体)」と「ヴァーチャルな身体(意識としての身体)」と述べました。そして高層化が進めば進むほど、人は「ヴァーチャルな身体」に近づくのではないでしょうか。

現実に東京で暮らしていると、生き生きとした表情をなくし、他者とのダイレクトなコミュニケーションを回避する人が増えているように感じます。この変化には、明らかに建築の高層化や均質化、また「個」のプライバシーを求めるあまり、孤立を深める空間の影響を感じないわけにはいきません。

極端かもしれませんが、このまま再開発が進むと東京は、ミースの描いた「カルテジアン座標」の空間に覆われてしまうのではないでしょうか。透明で美しい氷細工のような都市で表情を失ったヴァーチャルな身体の人々が蠢いている、そんな究極のTOKYOを私は想像してしまいます [03,04]。

「カルテジアン座標」の空間に覆われた東京のイメージ
03

ヴァーチャル化した都市での
ヴァーチャル化した生活/
身体のイメージ
04
―――

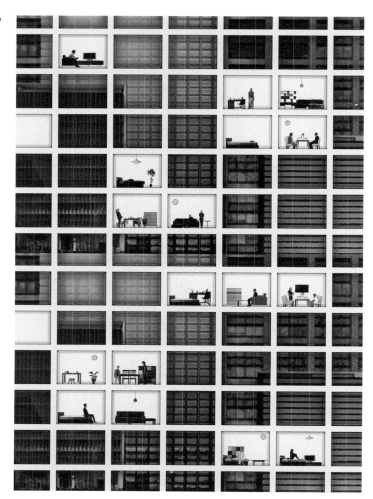

2-3　ル・コルビュジエのインド

コルビュジエがインドのチャンディガールで新都市のマスタープランをつくったことはよく知られています。そのプランに沿って1950−60年代にかけて自ら州の議事堂や高等裁判所、合同庁舎、博物館などをデザインしました。また同時期にアーメダバードでも繊維業協会会館と2軒の住宅もつくっています[05-07]。

ル・コルビュジエ
「繊維業協会会館」
1951-56年
05
――

ル・コルビュジエ
「ショーダン邸」1951-56年
<06
――

ル・コルビュジエ
「サラバイ邸」1951-55年
07>
――

これらの仕事のために彼が初めてインドを訪れたのは1951年、コルビュジエ64歳の時でした。そして死の前年、1964年まで実に23回もインドを訪れているのです。ちなみに国立西洋美術館の設計のために日本を訪れたのは1955年、日本に来たのはこの一度だけです。コルがいかにインドに執着していたかがうかがわれます[08]。

1950年以降の
ル・コルビュジエの主な作品
08

	ヨーロッパ	日本	インド
1950年（63歳）	カップ・マルタンの休暇小屋		
51			初めてインド訪問（51年） チャンディガールのマスタープラン 開いた手
52	ユニテ・ダビタシオン（45-52）		
53			
54			
55	ロンシャンの礼拝堂（50-55）	来日	
56			繊維業協会会館（51-56） アーメダバード博物館（54-56） 高等裁判所（52-56） ショーダン邸（51-56）
57			
58			総合庁舎（52-58）
59		国立西洋美術館（57-59）	
60	ラ・トゥーレット修道院（53-60）		
61			
62			チャンディガールの州議事堂（55-62）
63			
64			最後のインド訪問（64年、23回目）
1965年（77歳）	カップ・マルタンにて逝去		

▲

この時期コルは、ヨーロッパでも後期の傑作、ロンシャンの礼拝堂（1950-55）[09] やラ・トゥーレット修道院（1953-60）[10] などをつくっていました。インドでの大作、チャンディガールの総合庁舎[11] が1952-58年、州議事堂[12] が1955-62年ですから、これらがつくられた時期はほとんど重なっています。これら後期の作品は若い頃の作品と違って大地に根を張ったように大らかで、自然に溶け込んでいます。

▲

かつて純白で抽象的な純粋形態が際立っていたのに対し、この時期のコルはコンクリートの粗々しい肌を露わにし、形態も自由奔放です。ヨーロッパでの作品にしても、こうした変化には明らかにインドの影響が反映されていると思わないわけにはいきません。

ル・コルビュジエ
「ロンシャンの礼拝堂」
1950–55年
09

ル・コルビュジエ
「ラ・トゥーレット修道院」
1953–60年
10

▲

　コルが最初にインドを訪れた1951年に、アーメダバードで彼は2つの住宅のデザインに着手しました。「サラバイ邸」(1951–55)と「ショーダン邸」(1951–56)です。「サラバイ邸」は繊維業によって財を成したサラバイ家のアリラマ・サラバイ夫人のために建てられましたが、その息子のサラバイさんから聞くところによると、コルはアーメダバードの旧市街を歩くのが大好きだったということです。

ル・コルビュジエ
「チャンディガールの
総合庁舎」1952–58年
11
———
ル・コルビュジエ
「チャンディガールの
州議事堂」1955–62年
12
———

▲

　私も2014年の春、サラバイさんに旧市街を案内してもらいました。放し飼いの牛がのんびりと街中を歩いていますし、通りの要所には彩色された鳩小屋が置かれ、その下では野良犬の群れが昼寝をしています。街は決して清潔とはいえませんが、人と動植物が一体になったアジアの平和な風景がありました[13]。

アーメダバード旧市街の人と
動植物が一体となった風景
13

あるいはジャマ・モスクやアーメダバードの階段井戸の暗い部分に差し込むインドの光もコルの建築に何らかの影響を及ぼしたに違いないと思われます[14]。

アーメダバードの階段井戸
14

「サラバイ邸」を初期の「サヴォワ邸」と比較してみても、1人の建築家の作風の変化に驚かされます。「サラバイ邸」も水平に延びたフラットルーフなど、近代主義的な外観を備えていますが、まるでジャングルのように

鬱蒼と茂る樹木に覆い隠されて全体像を見ることはできません。芝生の丘の上に白いキューブが浮かぶ「サヴォワ邸」とはおおよそ対照的な佇まいを示しています。内部はタイルを張られたヴォールト天井(アーチ形の連続体)がくり返されていますが、妻側には内外を仕切る壁はほとんどありません。回転ドアによって一応内外は区切られていますが、常時ほとんど開放状態です。石張りの壁と煉瓦の壁、あるいは赤、黄、青、緑の原色に塗り分けられた壁、2階から外のプールに直接つながる滑り台のようなスロープなどからなる内部空間は、建築の内部というよりも自然の中にいると感じるほど開放的で、身体のあらゆる感覚に訴えかけてきます。インドの強烈な自然の影響に違いありません[15,16]。

ル・コルビュジエ
「サラバイ邸」1階
<15

ル・コルビュジエ
「サラバイ邸」2階
16>

▲

ロンシャンの礼拝堂やラ・トゥーレット修道院の礼拝堂内部の厚いコンクリートの壁や天井から入る艶やかな光もインドの体験なしにはあり得なかったのではないでしょうか[17,18]。

▲

そうした後期の作品の中で、私が最も感動を覚えるのはチャンディガールの州議事堂です。平面図を見る限りでは、議事堂上部に延びるシリンダー状の空間は真円ですし、その周辺も規則的に柱が立ち並んで従来と変わらぬ近代主義の幾何学でつくられています[19]。でも正面ファサードの規則的に並ぶ壁柱が支えているのは、巨大な横樋のよう

ル・コルビュジエ
「ロンシャンの礼拝堂」
内部壁面
17
——

ル・コルビュジエ
「ラ・トゥーレット修道院」
小聖堂
18
——

にダイナミックなU字形のキャノピーです[20]。そしてその下のメインエントランスにはおよそ7メートル四方もある巨大な扉に色鮮やかな絵が描かれています。上下は赤と緑に塗り分けられ、上部には黄色の太陽が、下部には樹木や川、牛、亀、蛇、貝や大きな鳥などの動物が描かれています[21,22]。彼のモデュロールに登場する人物像も描かれてはいますが、その姿は小さく、自然の中の1存在物に過ぎないことを示しています。ここにはアーメダバードの旧市街で見たアジアの宇宙がコルビュジエ流に美しく整理されているのです。「人は自然の部分でしかない」というアジアの人と自然の関係を、近代主義者コルビュジエが受け入れていることに驚きます。

ル・コルビュジエ
「チャンディガールの
州議事堂」平面
19

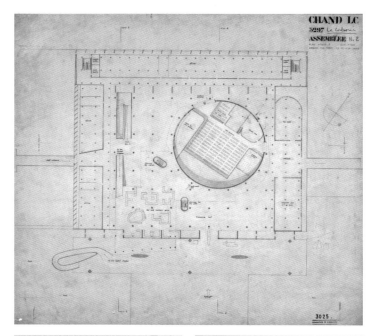

ル・コルビュジエ
「チャンディガールの
州議事堂」
正面入口の扉絵
20-22

しかし何といっても圧巻は議事堂の内部です。原色の赤と黄色に塗り分けられた巨大なシリンダー状空間の内部、これ以上粗々しいコンクリートは考えられないというほどの粗さがこの建築の強さを際立たせています[23]。

ル・コルビュジエ
「チャンディガールの州議事堂」議事堂部分内観
23

シリンダー内部に張りつけられた黒い雲形の吸音パネルも実に大らかで、上部からの自然光を浴びてその存在を強烈にアピールしています。これほど強い近代主義の建築が他にあるでしょうか。ロンシャンやラ・トゥーレットのような建築に美しさでは劣るかもしれませんが、この強さはヨーロッパでは経験することのない、インドの自然の粗々しさに由来する、といえるのではないでしょうか。

強いとはいっても端正な近代主義思想を表現する外観が、内部空間に入ると、アジアの自然の強さによって実にダイナミックな変化をもたらしているのです。

晩年のコルビュジエは、南仏の海岸に建てたカップ・マルタンの小屋で、上半身裸で絵を描いたり、スケッチを描いていたようです[24]。かつて「住宅は住むための機械である」といった近代主義者が「機械」とはおよそかけ離れたイメージの建築をつくり、自然の中に埋没していった姿を見ると、インドの太陽や大地がはかり知れない影響を与えたことが想像されます。

「カップ・マルタンの小屋」でのル・コルビュジエ
24

第 2 章 | 近代主義建築の限界

Chapter 3

第3章

21世紀の建築をめざして

アジアから発信する建築は可能か

3-1　アジア的なるもの

モンスーン気候に属するアジアの人々の生活は圧倒的な水に支配されています。雨、霧、雲、川、湖、海など、水は絶え間なく様相を変えながら宇宙を流転します。

武満徹氏は音を水になぞらえて美しい文章を残しました。

私は、音と水というものを似たもののように感じています。水という無機質のものを、私たちの心の動きは、それを有機的な生あるもののように感じ、また物理的な波長にすぎぬ音にたいしても、私たちの想念は、そこに、美や神秘や、さまざまな感情を聞きだそうとします。宇宙を無限に循環する水を、私たちは、かりそめの形でしか知りません。それらは、仮に雨や湖、河川、そして大洋とよばれています。音楽もまた河や海のようなものです。そして多くの性質の異なる潮流が大洋を波立たせているように、音楽は私たちの生を深め、つねに生を新しい様相として知らしめます。

［立花隆『武満徹・音楽創造への旅』文藝春秋］

武満氏は生涯を通じて西欧から輸入されたクラシック音楽には満たされない東洋の音をいかに溶け込ませることが可能かを思索し続けた人でした。他の作曲家のように西欧の音に和楽器を持ち込んだり、東洋のリズムを入れて解決できるとは決して考えず、果てしない追求の先に西と東とをひとつの音に統合することを夢見た人でした。

この文章でも「宇宙を無限に循環する水」を音になぞらえています。ここでの音を建築に置き換えてみると、私たちの建築への想像の世界も無限に広がっていきます。建築を私たちは空間の音楽として考えています

が、もっと時間の流れに沿ったものとして考える必要があるのではないでしょうか。

■

最近私は上海の美術館で「曲水流思」というタイトルの展覧会を行いました[01]。中国には古来「曲水流觴(リュウショウ)」という言葉があります。これは曲がりくねった川辺に盃(觴)を流し、盃が自分の前を通り過ぎないうちに詩を読んで、酒を酌み交わす、という知的な遊びです。

伊東豊雄
「曲水流思」展のポスター
01

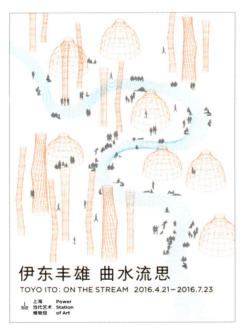

■

私はこれまで常に建築の実践を通じて自分の建築思想を追求し続けてきました。ひとつの建築が出来上がると、その過程で発見した新しい思想を次の建築を考える契機としてきたのです。こうした思考過程をくり返しながら今日に到ったように感じています。そこで流れていく水の中から汲み上げるように、自らの思想を汲み上げて建築をつくる行為をくり返してきた、という意味で、これまでの建築活動を曲がりくねった水に喩えたのです。

■

「生生流転」という言葉のように、私は自分の建築スタイルをいつも変えたいと考えています。同じ建築スタイルをくり返すのは停滞した水の中で魚を釣り上げているように思われるのです。

■

建築を考えるアイデアは、自分という枠の中に閉じこもって試行するのではなく、常に外の社会に向かって目を開き、変転する時代の流れの中から自分にとっての核心を掴み取ることから生まれると思います。そのためには新しい事象を受け容れられるよう自らの精神を柔軟な開放系にしておく用意が大切ではないでしょうか。

■

コルビュジエがチャンディガールの州議事堂で描いた扉絵がいかに「アジア的」であるかを先に指摘しました。人が動物や植物を見下すのではなく、人は自然の一部分として描かれている点が「アジア的」なのです。

■

20世紀の建築は大方自然を対象化し、自然から自立した存在として考えられてきました。人も建築も、いつも自然の外側にいる存在であったのです。

■

私たちはよく建築の「外観」という言葉を使います。これは建築が外の世界に対して独立した形態を持っていることを意味します。では人間が自然の部分であり、建築も自然の部分であると考えた時、「外観」を持たない建築を考えることは可能でしょうか。

■

かつてミース・ファン・デル・ローエはフォルマリズム（形態主義）を否定し、無限に連続する「カルテジアン座標」のような建築のイメージを唱えました。空間のみがあって形を持たない、すなわち外観のない建築を描こうとしたのです。しかしミースの初期の建築はそうしたイメージを忠実に実

現しようと考えていたのですが、次第に西洋古典主義のように軸線の明確な形式の世界にとり込まれてしまいました[02,03]。

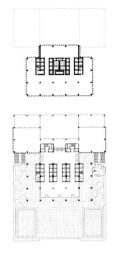
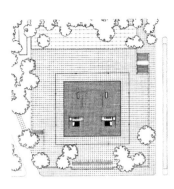

ミース・ファン・デル・ローエ「シーグラム・ビルディング」平面、1958年
<02

ミース・ファン・デル・ローエ「新国立ギャラリー」平面、1968年
03>

私もかつて内側から建築を考えようとした時期があります。たとえば住宅を考えるときに、自分のつくりたい場所に家具だけを置いてみるのです。次にその周囲に壁や窓、天井などの建築エレメントを必要最低限配置してみます。私たちはデザインをする時、すぐに部屋を並べ、構成や構造を同時的に考えてしまうのですが、その操作によって不要なエレメントまで描いてしまいがちです。本当に自分にとって欲しいものだけを置いていくと、空間内に家具や最低限の壁、窓、階段などだけが浮遊した状態を描くことになります[04]。そうしてから、その自由さを失わないように用心深く全体の構成や構造を考えていくのですが、このようなプロセスを辿っても最後に内/外の境界は現れます。そもそも外の世界から内部を規定することが建築行為だから致し方ないともいえますが、最初から建築は形を備えていると考えてデザインするのと、形を持たない建築をつくりたいと考えてデザインするのでは、生まれてくる建築はまったく違ったものになるはずです。

本当に欲しいものだけを描くと、家具や最低限の壁、窓、階段などだけが残る
04

生命科学者の福岡伸一氏はその著『動的平衡』の中で人間は自立した身体を備えているけれども、その存在は自然の中で日々変わっていく「状態」でしかないと述べています。だから身体のどこまでが外でどこからが内という境界は曖昧であるというのです。このような身体観はきわめて「アジア的」といえるように思われます。私もこうした身体感覚を建築に適用できないかと考え続けています。

　

内／外を区切る境界の存在は不可避であるとしても、その存在は曖昧で外のような内、内のような外を備えた建築を実現することは可能ではないでしょうか。

　

一時代前まで日本人はものを持ち運ぶのに風呂敷を使っていました。今日風呂敷はカバンに取って代わられましたが、その違いを比べてみると実に興味深い東西の思想の違いが見えてきます。なぜなら風呂敷は形を持たない、1枚の布に過ぎません。何かを包んだ時に初めて形が生じるのです。柔らかく融通無碍な存在です。それに対しカバンは最初からはっきりとした形を備えています。しかも内と外を際立たせるような形を

備えているのです。とりわけビジネスマンが持つようなカバンは蓋とその止め金、把手が中央の軸線に従って左右対称に配置され、まるで古典主義建築のファサードのように見えます。こうしてみると風呂敷は包まれたものと外の世界を最低限に切り分ける曖昧な境界のように思われてきます。最近流行しているトートバッグはカバンの持つ形式性を極力ゆるくして、風呂敷に近づけた存在といえるでしょう。

3-2　渦の力

著名なグラフィックデザイナーの杉浦康平氏は風呂敷について美しいエッセイを書いています。

唐草の風呂敷でものを包む。すると渦の力が物に移る。物に宿る内力が目覚め、物が心を持ちはじめる。人々は蔓の渦の助けを借りて、身をとりまく物すべての繁栄と不滅を祈ったのだ。風呂敷の渦文様は、たんに装飾であることを超えている。アジアにとって渦巻くものとは、物の内なる力をふるいたたせ、人の心と物の心を結びつける聖なるカタチ、万象に潜む文様であったのである。

[『日本のかたち・アジアのカタチ』三省堂]

さらに渦巻く文様が風呂敷にとどまらず、万物に乗り移る様を次のように語っています[05]。

風呂敷の唐草文様
05

台湾大学の前身は台北帝国大学で、
キャンパスには日本人の手になる近代建築が多く残されています。
このキャンパス北東部分の社会科学部棟の計画で、
新しい大学のシンボルとなるデザインが求められました。
教室や研究室、会議室などが入るグリッド構造をベースとした高層棟と、
植物のアルゴリズムを使った新しい構造をベースとした図書館の、
2つのボリュームから構成されています。
高さ6mの平屋の図書館部分では、
柱と天井・屋根を一体化した樹木のような構造体をつくり、
二重スパイラルによる自己生成的なアルゴリズムを
用いてこれを配置していきました。

台湾大学社会科学部図書館 | 2006-13

手前が高さ6mの平屋建ての図書館

図書館の夜景。天井・屋根のデザインが変形しまた大きさを変えて庭へと広がっていく

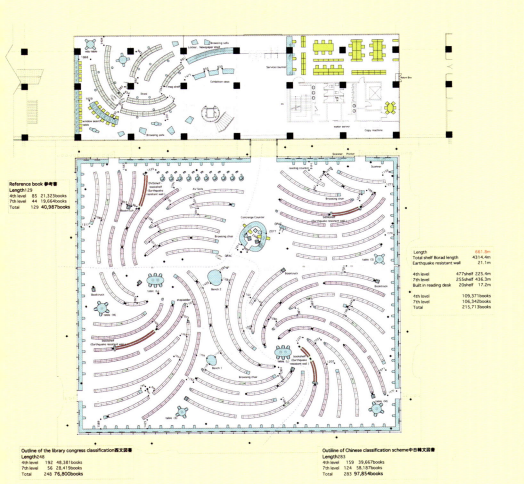

図書館平面。
空間を流動化する
柱の空間により
スパイラルを描く
書架の配置が生まれた

柱の形はスパンの違いにより大中小の3つのパターンがあり、この3パターンが繰り返されている

図書館の天井見上げ

柱と天井・屋根が一体化した樹木のような構造体の下には、読書に適した気持ちの良い木陰のような空間が生まれている

渦巻く文様が繁茂する場は、この風呂敷に止まらない。たとえば人の身体を包む衣裳にも増殖し、壺や徳利の表面をも覆ってゆく。建築空間の装飾となり、太鼓にも印され、ときには神を招く紙垂の渦巻きへと変容する。アジアでは奇妙なことに、渦を身にまとう聖獣が現れ、その果ては、渦を吐き渦そのものとなる怪獣までもが想像され誕生した。渦巻くものは、人体の渦、DNAや星雲の渦……などとも照合しあい、世界のことごとくを活気づける根源的な力を発露する。

（中略）

渦巻文は龍となり鳥と化し、あるいは無限にからみあう蔓草や蓮華となり繁茂する。動植物ばかりか、果ては山嶽のうねりにさえ変容する。この世のあらゆるものが渦と化し、文様にとりこまれて、世界を覆いつくすのである。　　　　　　　　　　　　　　　　　　　　　　　　　　　　　　　　　　［上掲書］

[06]

歌川豊国の木版画
（1810年代）に描かれた
渦を身にまとう唐獅子
06

こうした渦の力を建築にとり込みたいと私もいくつかのプロジェクトでスパイラルを描く空間に挑戦してみました。

序章で紹介した「台湾大学社会科学部図書館」もそのひとつです[074-083頁]。或る点から、時計回り、逆時計回りにスパイラル状に拡がる曲線を描くと蓮の花のようなパターンが生まれます。このパターンを連ねて

柱の位置と屋根の形を決定したのがこの図書館の幾何学でした[013頁]。グリッドによって分割された幾何学を用いてつくられた均質な空間とはかなり異なる流動的な空間が生じています。台湾大図書館では3つの中心から拡がるスパイラルを結び合わせた幾何学による空間となりましたが、柱の密度の違いが空間を自然の世界に近づけていけるように感じさせます。さらにこのような幾何学を用いることによってスパイラルを描く書架の配置が生じました。空間構成の流動性が家具の流動性を生み、それは人の動きに影響をもたらしているのです。

「みんなの森 ぎふメディアコスモス」[096-113頁]も図書館を中心とした建築ですが、2階の閲覧スペースにもスパイラルを描く書架の配列を見ることができます[07]。

「みんなの森 ぎふメディアコスモス」2階平面
07

90×80メートルという大きな平面には11の「グローブ」と呼ばれる大きな傘のようなオブジェクトが天井から吊り下げられているのですが、この下が閲覧スペースです。ゆったりとソファに坐って読書するスペースもあれば、円形のデスクに坐って勉強することもできます。

■

これらグローブの下には上部からの自然光が半透明のグローブを透過して柔らかな光となって降り注ぎますし、さわやかな自然の流れも感じられ、読者にとって快適な環境がつくられます。

■

このグローブの周囲に置かれた書架がスパイラルを描いているのです。初めてこの閲覧スペースを訪れた人も、中央のインフォメーションに立ち寄って自分の探したい本がどのグローブの周りにあるかを尋ね、グローブの周囲を周遊すれば、目当ての本が見つかるという訳です。

■

一見書架が雑然としていて本が見つけにくいよう思われますが、ただ並列に並べられていたとすると、分節（区切り）がないので、かえって探しにくいのです。

■

またスパイラルを描くことによってグローブの中心性が強調され、外に向かっていく拡がりも感じられるのではないでしょうか。現実にこのグローブの下には毎日想像以上に多くの人が訪れ、読書を楽しんでくれています。

■

自然界の動物の身体や植物にはスパイラルの形状が多くみられます。先に述べた唐草文様のつる草もそうですし、人体の骨もスパイラルを描いています。これは成長が上昇の力を得るためではないでしょうか。また川が直線を描かずに蛇行を繰り返すのも、水は川の断面方向で常にスパイラルを描きながら下降していくからであるそうです。すなわちスパイラルという図形は運動を前提に成立しているのです。閉じた円は単に循

環を繰り返すだけですから、進化とか成長という概念がないのです。

私はかつてスパイラルを描く構造体のプロジェクトに挑戦したことがあります。スペインのトレヴィエハという街の湖畔の砂の上に横たわる大きな巻貝のような「リラクゼーション・パーク」です[08]。

一方の先端は閉じ、他方は開放したままの構造体ですが、これはきわめて不安定な構造体でした。おそらく生物においては、この不安定さこそが成長を呼び起こすのでしょう。しかし、建築は不安定なまま静止するのですから常にある安定が求められるのです。「トレヴィエハ」ではこのためにスパイラルを描くスチールパイプの間を絶え間なく木で結ぶことによって辛うじて安定を保つことができました[09]。この建築の内部に入る

「リラクゼーション・パーク・イン・トレヴィエハ」模型
08, 09

と、本当に大きな巻き貝の中にいるようです。身体が回転運動を起こし、開いている先端の方へと押し出されていくような感覚を味わいます。スパイラルがいかに渦を巻きながら成長する形態であるかを実感しました［10,11］。

「リラクゼーション・パーク・イン・トレヴィエハ」2001年―
10, 11

3-3　場所をつくる

■

自然の中には2つと同じ場所はありません。かつて人々が自然の中に居を定める時、場所を選ぶことは最大の問題でした。風水とまではいわなくても、水はけ、陽当り、風の方向、土壌の良し悪しなど、その土地の持っている力を判断して、土地を選んでいたのです。

■

しかし現代都市の中で家を選ぶ時には場所の違いとはいっても、土地の値段や交通の便など人工的な条件の違いによって決めることがほとんどです。

■

また現代建築の中での人々の行為は「機能」概念に従って切り分けられた場所（部屋）の中に限定されます。しかし第1章で考察したように、「機能」という概念を機械の部品と同じように考え建築に適用するのには無理があります。人間の行為は「機能」によって切り分けられるほど単純ではないからです。では多様で複雑な人間の行為に対応する建築はどのように考えるべきでしょうか。私は建築においては、「部屋」という機能に従った特定の空間を定めるのではなく、自然の中と同じような場所の違いをつくり出すべきだと考えます。人が自由に場所を選べるような余地を残しておくべきなのです。

■

たとえば公園のような場所を想像してみて下さい。樹木の繁っている場所もあればもっと開けた場所もあり、時には池もある、そんな中にベンチがあちこちに置かれていたり、子供の遊具もあったとします。そんな時、人は状況に応じて場所を選びます。1人静かに読書したい時、小さな子供と一緒に走りまわりたい時、カップルで陽に当たりながら話したい時、それぞれに選ぶ場所は変わってきます。

■

このような場所の違いを生み出すために、流れている水の中に1本の棒を立ててみましょう。流れの速度が増すにつれ、棒の背後には渦が生じます。棒を複数立てるとそれに伴って渦の数も増えていきます[12]。この渦のような場所を私は建築の中につくりたいのです。なぜなら渦は流れの中の淀みであり、流れと関係を持ちつつも、流れとは異なる場所を形成しているからです。建築空間は水のような流れがある訳ではありませんが、人の流れは「流れと渦」に喩えることができると思います。

水の流れに棒を
立てたとき背後に生じる渦
12

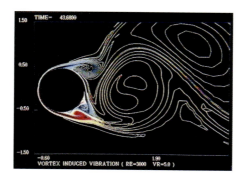

「せんだいメディアテーク」
夜景、1995−2000年
13

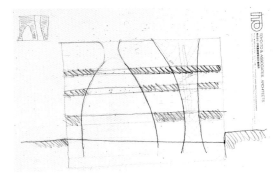

最初期のスケッチで、15の直前に描かれたもの。左上の小さなスケッチではドーム状の空間が見えるが、この天井が突き抜けて外部に開いていった
14

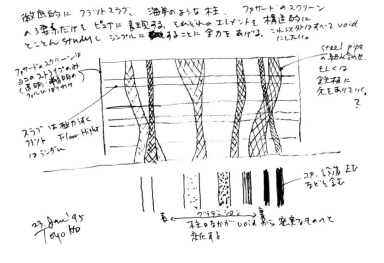

空港から伊東事務所へとファックスで送られたスケッチ
15

「せんだいメディアテーク」[13]の平面を見てみましょう。ほぼ正方形平面の中に13のチューブと呼ばれる円が置かれています。円の太さはそれぞれ違っていますし、その配置もある程度ランダムです。もしもチューブの太さがすべて同じで規則正しくグリッド状に並べられていたとしたらどうでしょう。空間に流れは生じないでしょうし、場所の違いも生まれないでしょう。つまり、どこも同じ均質な空間となってしまうでしょう。私は自然の中のようにあえて不均質なチューブの配置によってここでは場所の違いをつくり出そうとしたのです[16]。「せんだい」は7層の建物なので、いずれの階の平面

15のスケッチの後、
チューブの働きを
イメージしたスケッチ。
プランの原イメージであり、
不均質なチューブの配置で
場所の違いをつくり出している
16

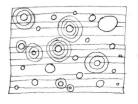

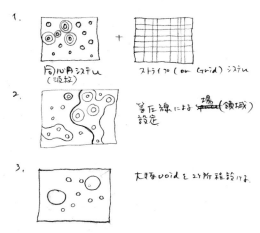

を見ても、ほぼ同じようなチューブの配置となっているのですが、1階ではギャラリーホール、カフェ、ショップ、2、3階では閲覧スペース、5、6階ではギャラリースペース、7階はワークショップスペースなどプログラムは各階ごとに異なっています[17,18]。

断面で見ると、このチューブがそれぞれ太い木の幹のような存在であることが見てとれます。仮にこれが同じ径の円柱だとしたら各階の生き生きとした空間は生まれなかったに違いありません。この建築の内部は7層を貫く樹木のようなチューブの存在によって先に述べた公園の中に居るような空間となったのです。人々は静かな木陰のような場所で読書することもできれば、皆で集まってレクチャーを開いたり話し合ったりすることも可能なのです。

「せんだいメディアテーク」
1・2・6階平面
17

「せんだいメディアテーク」
断面
18

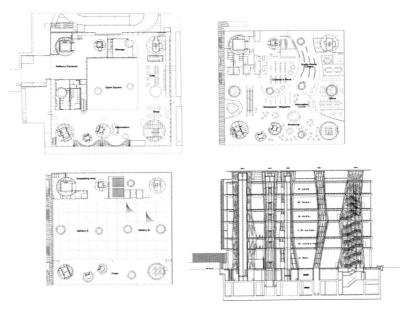

 13本のチューブには階段やエレベーターなど垂直移動の手段、空調のダクトのほか、屋上から自然光を地上まで送り込むなどさまざまな役割が与えられています[19]。通常の建築ではコアと呼ばれる場所にこれらが集約されているのですが、このように分散することによってチューブの外のスペースはすべてフリーな流動的空間となるのです[20]。

■

 「多摩美術大学図書館」は連続するアーチの列を組み合わせてつくられた空間です[21]。1階も2階も湾曲するアーチの列が交叉してその間に連続する空間が生じています。アーチは古典的な建築エレメントですから流動的な空間とはかけ離れているように思われますが、ここではそのアーチがきわめて現代的に翻訳されているのです。すなわち、各コンクリート壁の中心に鉄板のアーチを挿入することによってきわめて薄いアーチにしたこと、また各足元を極力細くすることによって宙に浮かんでいるように軽快なアーチにしたこと、湾曲するアーチの列が相互に交叉することによって、その間には三角形や四角形、五角形などの空間が生まれ、

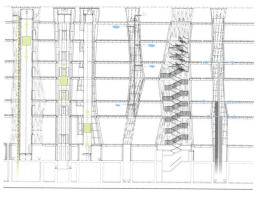

TUBE 1	TUBE 2	TUBE 3	TUBE 4	TUBE 5	TUBE 6

「せんだいメディアテーク」の
チューブにはそれぞれ
役割が与えられている
19

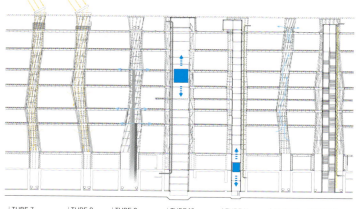

TUBE 7	TUBE 8	TUBE 9	TUBE 10	TUBE 11	TUBE 12	TUBE 13

チューブの間に
さまざまな場が生まれ、
林の中を歩いているような
流動的空間となる
20

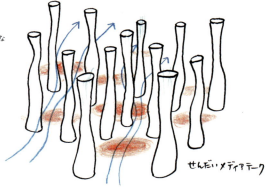

せんだいメディアテーク

「多摩美術大学図書館」
2階、2004–07年
21

場所の違いを生み出していることなどです。こうした場所の違いが変化に富んだ閲覧スペースをつくり出しているのです。

先に見た「みんなの森 ぎふメディアコスモス」の2階平面図[085頁]も「流れと渦」のような空間で、11のグローブの下は「渦」であり、そのほかの空間は「流れ」です[22]。すなわちグローブ下は留まるスペースで、その外は人々が流動するスペースなのです。閉じられた部屋をつくらず、オー

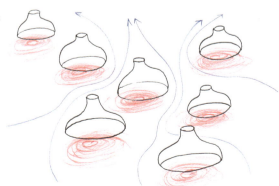

11のグローブに生まれる場と
その周りの流れの空間
22

みんなの森 ぎふメディアコスモス | 2011–15

敷地は岐阜市の中心市街地で、JR岐阜駅から北に約2kmの位置にあります。
図書館を中心とした文化施設で、
1階に閉架書庫と展示ギャラリー、多目的ホールなどがあり、
2階は開架の閲覧エリアになっています。
この閲覧エリアや受付カウンターの上にはポリエステル製のファブリックを使った
「グローブ」と呼ばれるものが吊られていますが、
直径8–14mの計11のこのグローブが光を柔らかく拡散するとともに
空気を循環させることによって熱環境のコントロールにも寄与しています。
しなやかに起伏する木造の屋根は120×20mmの木材を
3方向に積み重ねることによりつくられています。

西側ファサードのコーナー部分

1階の「みんなのホール」

ホワイエから「みんなのギャラリー」を見る

1階。
左の「かんがえるスタジオ」の
脇の市民活動交流センター。
右には市民のリクエストに
対応するオープンカウンター

「ワイワイサークル」から
南側を見る。
左のガラス張りの本の蔵の前に
置かれたオープンカウンター

2階の開架閲覧エリアには、直径8m、10m、12m、14mの4種類のサイズのグローブが計11個吊られている
[102–105頁]

しなやかにうねる2階の天井は
120×20mmの断面をもつ
県産ヒノキ材を3方向に
最大21層積層してつくられる

グローブ下にはさまざまな
読書空間が設けられている。
グローブは三軸織りによる
ポリエステルの上にそれぞれ
異なるパターンの布を被せている

最頂部には上下に可動する
開閉装置が設けられ、
換気が行われる。
その周囲からは自然光が導かれ、
グローブを通して柔らかい光となって
下部に降り注ぐ

各グローブはそれぞれ
サイズも異なり、
下に置かれた家具の
デザインも異なっている

2階の南側につくられた
屋根付きテラス

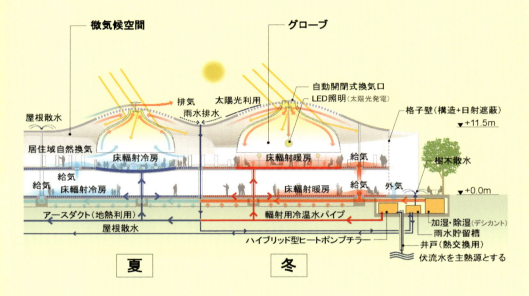

冷暖房システムと空気の流れを示した図

プンな空間の中に人々の滞留できる空間をつくることによって、人はその時々の状況に応じて自分の居場所を選択できるのです。

■

また各グローブは「せんだい」のチューブと同様にサイズが異なるので、グローブ下にはかなり違った読書空間が用意されています。それらは家具のデザインの違いによってより一層特徴を与えられているのです[110-112頁]。

■

「ぎふメディアコスモス」のグローブの空間を魅力的にするためには単に平面だけでなく、断面方向の変化が大きな役割を果たしています。この建築の屋根は波打っていますが[23]、各グローブの上部は必ず高くなっています。そして上部から自然光が降り注いでいます。各グローブは半透明の素材でつくられ、天井から吊るされているのですが、頂部には上下に可動する開閉装置が取り付けられており、空気の流れをコントロールしているのです。すなわち夏の暑い時には暖まった空気が頂部から排出され、冬期は可動装置を閉じて暖かい空気がグローブ内を循環するようにしているのです[113頁]。

「ぎふメディアコスモス」の屋根工事
23

ですからグローブ下は柔らかい自然光も得られるし、さわやかな空気の流れも感じられて、読書に最適な空調となっているのです。

「ぎふ」の2階は「せんだい」と同様、建築空間の中に居るというより公園の中、あるいは街の中にいるような雰囲気を感じさせます。それだけ人々は自由を感じてくれるのだと思います。

かつて私の個展で、ひとつの展示室の床を波打つようにデザインしたことがあります[24]。合板を白く塗装して波打たせた人工的な床なのですが、不思議なことにこの部屋に入った途端に子供は走り始め、大人も床

東京オペラシティ
アートギャラリーで開かれた
「伊東豊雄 建築｜新しいリアル」展(2006年)での
波を打つ床
24

波打つ床の上で
リラックスする子どもたち
25

に坐り込んだり寝転がったりするのです。おそらくこれは部屋の中というより、自然の中にいる時のように人々をリラックスさせるからでしょう[25]。

「ぎふ」の場合は屋根が波打っていたのですが、この展示室では床が波打つ、それだけで人は建築の中に居る時の緊張から解放されるのでしょうか。

3-4 　時間をデザインする

私が「中野本町の家(White U)」を設計したのは今から40年以上前のことですが、このデザインプロセスでの発見はその後の私の建築のつくり方に大きな影響を及ぼすことになりました。それは「時間をデザインする」、言い換えれば「シークエンス(空間体験)をデザインする」ということです。

「中野本町の家(White U)」
26

この住宅は1976年に東京で実現した約150平方メートルのコンクリート平屋建ての建物です[26]。デザインの初期にU字形の平面をイメージしていたのですが、当初エントランスは中央の軸線上にあり、シンメトリーのプランを描いていました[27]。

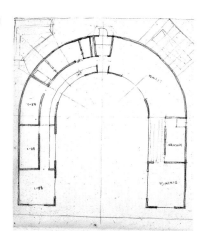

「中野本町の家(White U)」
初期案の平面
27

しかしエントランスを入って左右にリビングスペースとダイニングスペースが分かれてしまうことに納得がいかず、悩んだ末にエントランスを軸線からはずして西北端に置いてみたのです[28]。自分ではほとんど意識して

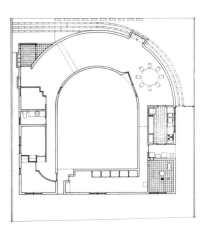

同、エントランスを
西北端に置いた実施案
1976年
28

いなかったのですが、その瞬間から内部空間は回り始めたのです。エントランスから内部空間は2つの方向に分かれますが、一方はリビングスペースからダイニングへ、そしてキッチン脇のリニアーな通路を経てメインベッドルームへ、またもう一方はやはりリニアーな通路を経て2人の子供のためのベッドルームへと延びていきます。最終的にU字形のプランは馬蹄形となり、小さなコートヤードの周りを巡るリング状の空間となりました。そしてこのような巡回型の空間が生じたことによって光のリズムや「モルフェーム」と呼ぶ小さな円弧や雁行形のエレメントが次々に異なる場所をつくるために生じたのです[29]。

巡回型の空間にすると
光のリズムなどが生まれた
29

当初考えていたU字形平面は1本の軸線の左右にシンメトリーな空間を描き、近代以前の建築によく見られるように流動性のない空間です。

一方「中野本町の家」で実現した空間は、主要部分が円弧を描いて

いるために回遊すること、すなわち体験することによって次々と場所の変化を味わうことになるのです。

このような空間とすることによってこの家の住まい手は、終日2枚の壁に沿って光や音とともに巡回空間を歩き、またその間に滞留することになりました[30]。

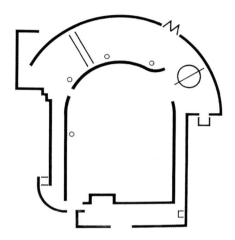

「モルフェーム」と呼ばれる空間構成エレメントへの分節
30

「シークエンスの空間」はその後の私の建築空間におけるもっとも重要なテーマとなりましたが、このような時間に伴うシークエンスの空間は日本の回遊式庭園の本質といえるでしょう。

日本の回遊式庭園は大抵中央に池を配置し、その周囲にさまざまな要素が点在しています。大方は門をくぐると主屋に到り、その先に庭園が拡がっています。

特徴的な樹木や石、茶室、休憩所、小さなマウンド、小島とそこに架かる橋など実に多くの変化に富んだ要素を次々に体験しながら、その

シークエンスを楽しみます。こうした庭園を上から鳥瞰的に見下すことはもちろん可能ですが、このような視点から庭園を眺めることにはほとんど意味がありません。

上記のような小さなシンボルを点から点へと結び合わせてその軌跡を生み出すことによって初めて庭園は理解することができるのです[31]。

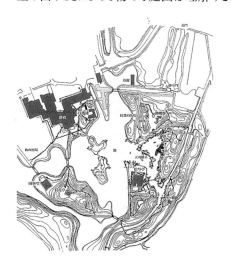

桂離宮敷地図
31

こうした庭園の体験は、逆にデザイン過程においてもあるエレメントが次のエレメントを喚起し、それらが次々に結ばれてデザインされていかざるを得ません。平面図を描くように全体を描くことはごく初期段階でしか成立しないのです。したがって庭園をデザインする行為は空間軸ではなく、時間軸に沿ってデザインすることである、ということができると思います。

3-5 境界を曖昧にする

かつての日本の木造家屋には大きな庭があり、縁側があり、あるいは土間など屋外と屋内を連続する要素が存在していました。また障子や襖、欄間など屋内外を隔てる要素も極力内外の連続性を失わない柔らかな存在でした。

このような日本家屋の内外の連続性は、現代の人々にとってもノスタルジックに好ましいものとして語られますが、現代建築においてこの連続性を実現することは決して容易ではありません。とりわけ公共建築においては困難です。

なぜならまず、現代建築は空調などの人工環境に頼っているため、内外をできるだけ明確に隔て断熱性を高めることが求められるからです。スイッチひとつで直ちに暖まったり冷えたりすることが要請されるのです。

それだけではありません。公共建築の場合には、安全性の確保、管理のし易さのためにやはり内外をはっきりと区切ることが求められるのです。

この背景には先に述べたように、近代主義の下では自然から建築を対峙させる思想が支配的であったことが大きいように思われます。

しかし私は、このタブーを何とか打破して内外の曖昧な境界を再現したい、と考えてきました。

その理由は自然と人々がもっと親しい関係を生み出すこと、それによって建築が自然環境にもっと開き楽しい暮らしを確保すること、またそうした関係によって建築の省エネルギー化を企てることができるのではないか

と信じているからです。

■

再び「みんなの森 ぎふメディアコスモス」を見てみましょう。

■

この計画では敷地に余裕があったので四周を緑で覆いました[32]。それに伴い、2階では矩形平面の各方向に円形の凹みをつけ、外部空間が内部に浸透することを試みています。それらの凹みの部分をテラスとして外部の風に当たりながら読書ができるような細長いテラスを設けました。また西側のプロムナードに面しては西陽を避けるとともに、緑に面して読書ができるようにしています[085頁-07]。このようにして内外の境界は従来より曖昧にすることができました。

「みんなの森
ぎふメディアコスモス」
配置図
32

また先に紹介したようにグローブの頂部にも開閉装置を備えることによって空気の流通をコントロールしています。このプロジェクトでは豊富な地下水を利用した床輻射冷暖房空間の空気の自然力による循環、屋根の太陽光パネルの利用、それに緑に囲まれた内外の相互貫入等自然エネルギーを最大限利用して従来の同規模施設より消費エネルギーを半分に削減するという目標が実現できました。

　「高雄国家体育場」(2006–2009)［124–127頁］―――スタジアムは通常壁によって内／外がはっきりと分かれています。しかし高雄のスタジアムはメインエントランスの方向が完全に外に向かって開いています。しかもスパイラルを描く屋根はエントランス前の広場の方向に延びているのです。まるで龍の尻尾のようです。これは外側からも訪れた人々をスムーズに迎え易くするガイドラインです。

　スタジアムの敷地は緑豊かな公園です。公園を散歩している人が観客席まで自由に入って休憩することも可能です。公園の中にスタジアムがあるのではなく、公園全体がスタジアムであり、スタジアム全体が公園なのです。

　福岡伸一氏は『動的平衡』の中で、女性の子宮の内は身体の外部だと述べていますが、高雄スタジアムは子宮の断面のような平面形をしています。スタジアムは廻りこんだ外部なのです。

　「新国立競技場プロポーザル応募案」(2015)［128–131頁］―――この提案は高雄スタジアムのように直接外部に開いている訳ではありません。多くのスタジアムのように内外がはっきり分かれているように見えます。しかし天秤トラスと呼ばれる構造システムを採用することによって内外の境界

高雄国家体育场

2006–09

台湾・高雄市の北部に位置する4万人収容のオープンスタジアム。
2009年に台湾で行われたワールドゲームズでは主会場となりました。
エントランス広場から始まる屋根の部分には、
訪れた人々をスタジアムへと導く動線上の役割ももたせています。
構造体の一部として外径318.5mmの鋼管が使用されています。
スパイラルを描きながら連続するこの鋼管によって、
競技者の身体を想起させるようなダイナミズムが表現されています。

龍の尾のように
エントランス前の広場から
延びる屋根が
訪れた人々を
スタジアムへとスムーズに導く

敷地東側に設けられたビオトープ。
この上を通過した涼風が
スタンド内に導かれる

エントランス側から
スタンド部分を見る

太陽光パネルによって覆われた
流動感のある屋根

新国立競技場整備事業公募型プロポーザル応募案 | 2015

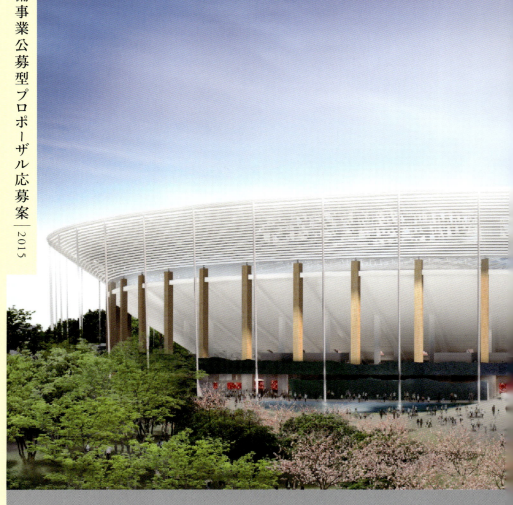

オリンピック時に68,000人、その後は最大80,000人を収容可能なことのほかに、
日本らしさの表現や木の利用が応募要項でうたわれていました。
そこから72本の柱に囲まれたスタジアムをつくり、
大地のエネルギーが吹き出してくるようなダイナミズムを表現しようという発想が生まれました。
縄文的な力強い祝祭の場ともなるよう、
柱は1辺約1.5m、高さ約19mの耐火性能をもった純木製の角柱を採用。
また、神宮外苑の周辺環境への圧迫感をできる限り抑えるために、
軽やかな屋根を実現すべく、天秤のようにバランスを保ちながら
最大65mの屋根を支える片持ち式の天秤トラスを採用しました。
こうして柱の力強さと屋根の優雅な軽やかさとをもった建築を表現しようと試みました。

スタジアム内部のイメージ。フィールドの赤が観客席に伝わり、次第に白に変わって空に消えていく

スタジアム夕景のイメージ。天井のアルミルーバーは照明と映像のスクリーンとなる

緑に囲まれた全景

スタジアムの西側には
渋谷川を再生し、
緑豊かなプロムナードとして
市民の憩いの場とする

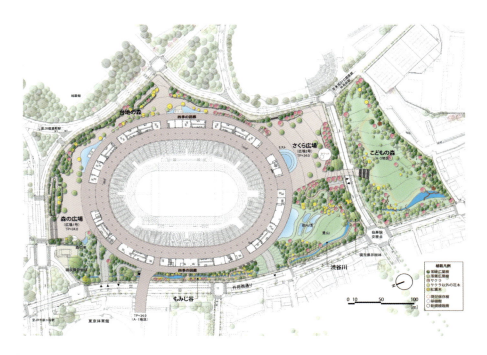

スタジアム周辺の
ランドスケープ
(石川幹子デザイン)
33

72本の柱に囲まれて
神聖な場ができる
34

に壁を立てる必要がありません。客席のスタンドや屋根は72本の木柱で支えられているのです[34, 35]。

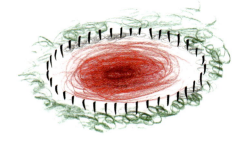

その結果内外を結ぶコンコースは縁側のような空間となります。内側にも外側にも開いた曖昧な境界が生まれるのです。周囲の緑地や水の上を通って冷やされた空気を内部に送り込むことも可能となるのです[36]。このようにして「高雄」とはまったく異なる構造によって庭園に開かれたスタジアムを提案することができました。

客席のスタンドや屋根は約1.3〜1.5mの太さの72本の木柱で支えられている
35

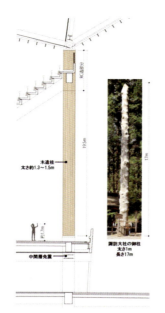
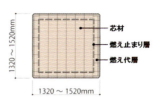

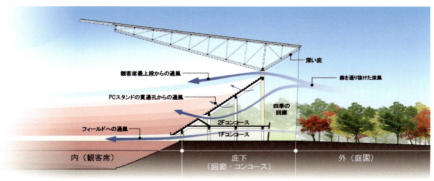

周囲の緑地や水の上を通って冷やされた空気が内部へと送られる。またコンコースは外部の庭園に開かれた縁側のような空間となる
36

世界のバロック芸術をテーマにした「バロック・インターナショナルミュージアム・プエブラ」(2012–16)[134-135頁]はプレキャストコンクリートの壁56枚を組み合わせてつくられています。壁はいずれも両端がカーブし、曲面部分は上方に開いたり、閉じたりしています。この曲面部分にこの空間の特徴があるのです。

ミュージアムの空間は「台中国家歌劇院」と同様、直交するグリッドの

バロック・インターナショナルミュージアム・プエブラ | 2012–16

メキシコのプエブラというメキシコシティの南東にある街の
バロックアートをテーマにしたミュージアムです。
ルネサンス的な秩序からの逸脱としての動きと変化——
現代にも生きるこうしたバロック的なるものを建築として表現しようとしました。
高さが15mある壁は厚さ36cmのプレキャストコンクリートで、
この壁のシステムを幾何学を変形していきながら大地のもつ
有機的でダイナミックなものへと近づけようとしました。
現代の美術館では、四角い箱をつなげ、
その間に設けた開口部から次の展示室へと移っていきますが、
ここでは、展示室と展示室の間の四角い小さな空間に入ると、
水が流れいくように次の展示室へと導かれていきます。

幾何学からスタートしました。各グリッド内の空間を求められる展示室などのサイズに合わせて調達し、各室規模が条件を満たすようにプランニングします[37]。通常この平面に垂直の壁を立てると、ホワイトキューブの連なるミュージアムになるのですが、「プエブラ」では各ユニットに少し回転を加えるのです[38]。すると直交する点にズレが生じ、各方向か

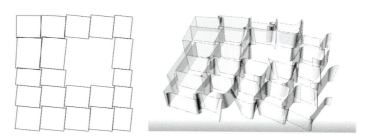

垂直の壁を立てた後に、各ユニットに回転を加える（平面）
<37

回転によって生じたユニット間の小さな正方形空間が緩衝空間となる
38>

「バロック・インターナショナルミュージアム・プエブラ」配置図
39

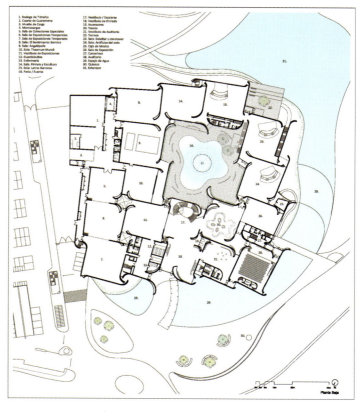

らの直線が卍形に交わる小さな正方形が生まれます。各方向からの直線をT字形に交わる直前で湾曲させると各ユニットは分断されることなく、互いに小空間を介して連続するのです[39]。

■

私はホワイトキューブの壁に開口を設けて次の空間へと移っていく連続の仕方にいつも異和感を抱いていました。展示室から次の展示室に突然移行してしまうので空間の流動感が生まれないのです。そこでこのような小空間を介することによって壁の間をすり抜けて移行する幾何学を考えました。まるで水が流れ込むような流動的な空間が生まれるのです。この流動感は展示空間だけでなく、内外の連続性も生み出しています。

■

「水戸市新市民会館」は2000席と500席の多目的ホールを中心として各種会議室、スタジオ等からなる複合施設です。この構造はコンクリート、鉄筋、木の混構造ですが、大ホールの客席と舞台をコンクリートの壁で囲い込み、その周囲を太い木の柱と木および鉄骨の梁からなるフレームで取り囲んでいます[40]。とりわけやぐら広場と呼ばれる大きな吹き抜け空間は屋内化された広場のような空間で、大ホール以上に日常的な賑わいを生み出すことが期待されます[41]。

木組みに囲まれた
「水戸市新市民会館」
の模型
40

「水戸市新市民会館」の
やぐら広場
41

同、「水戸芸術館」広場に
面した北側ファサード
42

外周を二重に囲む木組みの構造体はこの建築の街に対する強いシンボル性を表現すると同時に、その二重性によって内外の曖昧な境界を生み出すことになるでしょう。木を保護するために外壁のガラスは外側に取り付けざるを得ないのですが、奥行きを表現するファサードはシングルの木組みとまったく異なる表情をもたらすに違いありません[42]。

3-6 理性を超える

中沢新一氏のエッセイ「建築のエチカ」(『雪片曲線論』青土社)には、チベットの人々が密教の寺院を建てるに際しての建築と自然の関係が実に見事に描かれています。

それによると、チベットの人々は大地に「サ・タク」と呼ばれる地神が住む、と信じています。「サ・タク」は毛髪と下半身が蛇で、上半身と顔が美少女の神です。彼女は母親の抱擁力と少女の気まぐれをあわせ持っています。だからふだんは人間の営みを優しく育んでくれていますが、いったん怒り出したら手の付けられない存在となるのだそうです。

この地神サ・タクは「頭上には渦を巻くおびただしい蛇の毛髪をいただき、下半身にはウロコをおびた竜の身体が妖しくくねっている」といいます。つまりそこには自然のプロセスのはらむ流動性や多様性が表現されているのです。「自然はいつもうねるような渦巻状のスピンによって生成され、どんなものにもけっしてくみつくすことのできない無限の多様性が潜んでいる。『地神』の姿は、自然に対するそう言う観念を、具体的な動物のイメージをとおして表現しようとしている」というのです。

しかし人々は、このように「地神」の住む大地の上に寺院を建てようとする時、自然のシステムとは異質な幾何学に従おうとします。人は寺院を建てようとする際には民家と違ってユークリッド幾何学を用いてそこに理性的秩序を体現したいからです[43]。

このような幾何学にしたがって建てられた寺院は、大地の渦を巻く流動性との異和感を拭い去ることができません。だから人々は建てる時、地鎮祭を行って、地神に許しを乞うのです。今日私たちの行う地鎮祭

ユークリッド幾何学によって建てられたチベット仏教の僧院
43

はとても形式的なものですが、チベットの人々の「サ・タク」に許しを乞う気持ちははるかに切実なものであったのでしょう。

■

ところがチベットの寺院の「門をくぐって内部に入ったとたん、寺院という人工物の外部にあったはずの自然が、ふたたびその内部につながってきてしまうような奇妙な錯覚に襲われる」といいます。「おびただしく灯されたバター・ランプの臭いと熱が、まず訪れる人の身体じゅうを包み込む。特別な薬草を練り込んだお香の香りと混ぜ合わされ、薄暗い堂内には軽いがどこか粘性のある空気が充満している。バター・ランプの灯明が、仏壇の仏像の金色に光る姿や、壁画をおおうおびただしい神々の姿を映し出す。鮮やかな色彩で描かれた神仏の像を見ているだけで、渦巻く色彩の感覚に圧倒されていくようだ」と中沢氏は語っています。そして「寺院の内部空間は、視覚、聴覚、嗅覚、皮膚感覚のすべてを巻込んで、そこへ足を踏み入れる人の感覚を『母胎の内部にいるような』と形容されるような不思議な抱擁力で包み込んでくれるのである。つまり、寺院という建築物そのものは自然のふところからはみ出してしまう異質性を持っているのに、寺院の内部へはいると、まるでざらついた外の世界から、なじみ深い記憶のある抱擁力の中にふたたび立ちも

どったような感じを受けるのである」というのです[44]。

ここにはチベットの人々が、幾何学対自然の対立、理性と祈りの対立をどのように統合して寺院の建築を実現しているかが見てとれます。彼らは矛盾を一方向で解決するのではなく、二律背反のままに統合する術を心得ているのです[45]。

チベット仏教の僧院内部
44, 45

このような統合を、私はインドのコルビュジエからも感じるのです。理性と五感への訴えかけを共存させた建築、そんな建築にこそ、21世紀建築の可能性がある、と私は思います。

台中市に完成した「台中国家歌劇院」(2005–2016)は直方体で切り取られていますが、内部は3次元の曲面の連なる複雑な空間でつくられ

台中国家歌劇院 | 2005–16

台湾・台中市の公園内につくられた劇場コンプレックスです。
2,014席、800席、200席という3つの劇場を収容しています。
人間の身体がチューブ状の器官によって自然とつながっているように、
公園/自然が建築の内側にまで連続するようなイメージを実現したいと考えました。
「カテノイド」と名付けたチューブ状の構造体の中に、
プログラムに合わせて空間を大きくしたり小さくしたりしながら、
劇場のほか、オフィスや店舗などの諸施設を入れ込みました。
トラスウォール工法によってつくられた3次元曲面RCシェルによる内部空間はどこも洞窟のようで、
洞窟に住んでいた時代に人間が自然に対して抱いた
畏怖のような感覚を体全体で感じ取ることができます。

身体器官の一部のような南面ファサードの一部

南正面ファサード

1階エントランス
［148-151頁］

2階グランドシアター前の
テキスタイルは安東陽子、
家具は藤江和子によるデザイン

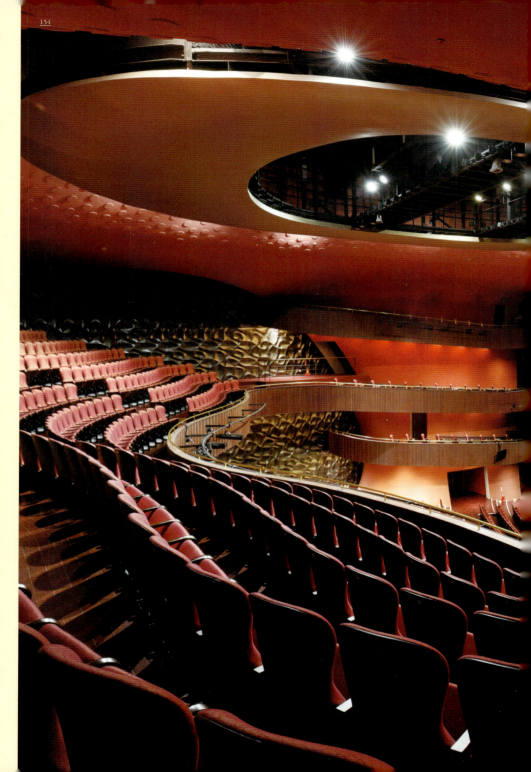

2階から4階まで貫通するグランド・シアター

2階のホワイエ空間

G24/G44

5階ギャラリースペース。伊東豊雄の映像展示が行われている

5階。レストランスペース

5階ギャラリーから
正面奥にブックショップを見る

ルーフガーデン

東側ファサード

1階から5階まで
貫通する階段室

ています。しかし元を辿ると規則的な幾何学からスタートしています[46]。

3次元曲面の連なる
複雑な空間の元となった
幾何学形態(016頁参照)
46

2枚の平面をグリッドに分割し、それぞれの正方形を市松状A、Bに分けます。上下2枚の面はA、Bを逆に入れ替え、それぞれの正方形内に円を描いて布でAはA同士結ぶとA、B2組のチューブに分かれます[47]。このチューブは「せんだい」のチューブとは違って、垂直方向にも水平方向にも連続しています[48]。

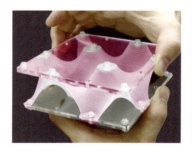

A、B2組のチューブに
分かれる
<47
このチューブは
垂直方向にも
水平方向にも連続する
48>

この立体幾何学を垂直方向に重ね合わせた空間がこのオペラハウスの基本形です。この規則的な空間を、プログラムに合わせて変形していったのが複雑な3次元曲面からなる構造システムなのです[49]。変形しても2組のチューブの連続体であることに変わりはないのですが、空間を仕切る床スラブや壁面を加えて利用しやすい建築空間に近づけました。元の曲面構造体はカテノイド（懸曲面）、水平垂直面はプラグ（差し込むもの）と呼ばれています[50]。

プログラムに合わせて
変形した
ストラクチャーモデル
49

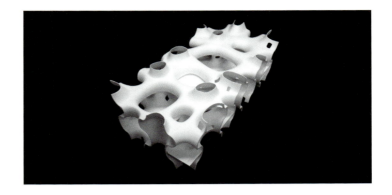

「台中国家歌劇院」
CG断面
50

　この空間は幾何学を変形してつくられていますが、内部は洞窟のようです。なぜなら床、壁、天井という建築の基本要素が分節されずに溶け合っているからです。この内部を体験すると幾何学は消えて洞窟の中を体験するように奥へ奥へと続く空間が身体に迫ってきます。そして前方に突然トンネルの出口に辿り着いたような外部の風景に遭遇します。階段を上ってホワイエの空間に出ると今度ははるか上方から光が降り注いできます。

■

　白いホワイエの空間から扉を開けると赤い大劇場の空間に到達します。波打つようにうねるギャラリーの手摺りや天井面。この劇場の内部は、中沢新一氏が「建築のエチカ」で描いたチベットの寺院に感じられる

母胎の内部のように五感のすべてに訴えかける空間です。劇場空間として聴覚や視覚を刺激するだけでなく、揺れるような身体のすべてに訴えかける空間ではないでしょうか。幾何学を変形するという操作によってこれほど自然の空間に近づくことが可能なのです。

■

「中野本町の家(White U)」は私の最初期の作品です。中央に1本の軸線が存在していたことはすでに述べた通りですが、当初ピュアな幾何学図形の組み合わせでつくろうと考えていました[51]。しかし結果的に実現した建築は、2枚の壁と片流れの屋根からなるチューブ状の空間となりました。明快な幾何学単図形を変形して洞窟のような空間となったのです[52]。

ピュアな幾何学図形の組み合わせによる「中野本町の家(White U)」初期案
51

■

完成した当時、この空間は外部から閉ざされ上部から自然光が注ぐ「白い洞窟」のような空間といわれていました。外部はコンクリート打ち放しです。内部は壁天井が連続的に左官工事の塗り壁となったため、

「中野本町の家
(White U)」の
洞窟のような空間
52

より官能的な印象を与えたのかもしれません。

「台中国家歌劇院」が完成した時、私はそれまでまったく意識していなかったのですが、洞窟的内部空間がどこかで「中野本町の家」の内部と近似していることに驚きました。40年余りの時間を隔てた2つの作品の空間がいずれも「洞窟的」であり、さらには「胎内回帰的」ともいえるとは……。

しかもいずれも幾何学を変形してこのような空間に到達しています。それはおそらく私の中で、理性を求めつつどこかでそれを否定して言葉の向う側にある世界を求めているからでしょう。そして私は、今後もこのような言葉の向う側にある空間を求め続けるに違いありません。

あとがき

2011年の東日本大震災後、津波に洗われた三陸の街を度々訪れました。いずれも小さな街ですが、それぞれに異なる歴史を刻んできた痕跡が土地の形状や道路、わずかに残された建物などから偲ばれました。

瓦礫の中を歩きながら、10年後にどんな街が建ち上がっていくのだろう、とさまざまな想像をめぐらせていました。言葉に尽くし難い不幸を償うためには、失われた歴史を蘇らせる街にならなくては救われないと強く思いました。失われた街を訪れた多くの人が同じ想いに駆られたと思います。そしてひょっとしたらこの不幸を糧にして日本は少しは変わることができるかもしれない、という希望さえ感じていました。そのために住民の人たちと街の将来像を語り合い、それを絵にしました。

しかし7年を経た今日、三陸の街は私が住民たちと描いたささやかな夢とは似ても似つかない街となりつつあります。無味乾燥な仮設住宅、万里の長城のような防潮堤、元の街の痕跡を跡形もなく白地図にしてしまう嵩上げ、山を切り崩しての高台移転、都市郊外の団地に建っているようなコンクリートの災害公営住宅。それぞれの街の記憶は消し去られ、夢のひとかけらも感じられない均質な街がつくられています。

「均質」、東京でいやというほど日々味わっていた均質な空間が、三陸の街にまで及ぶことを感じた時、私は暗澹たる思いに駆られました。

〜〜〜〜〜〜〜〜〜〜〜〜〜〜〜〜〜〜〜〜〜〜〜〜〜〜〜〜〜〜〜〜〜〜

三陸の街で実現されつつある復興計画と東京の再開発に見られる高層化の計画は、まったく同じ近代主義思想に拠っています。ここに通底しているのは「人は技術によって自然を征服できる」という思想です。そして人々の生活の場と自然環境との間に壁を築くのです。防潮堤と高層ビルのファサードは、人と自然を切り分ける「近代の壁」なのです。日本全国がいまや、近代主義という津波によって洗われている、といっても過言ではありません。

〜〜〜〜〜〜〜〜〜〜〜〜〜〜〜〜〜〜〜〜〜〜〜〜〜〜〜〜〜〜〜〜〜〜

戦後70余年、日本は近代化の恩恵を受けて急速な経済発展を遂げました。しかし昨今、日本人は未来に希望を見出せないとか、将来への目標を見失っている、といわれるのは、この国が行き過ぎた近代化になおすがりついているからではないでしょうか。近代主義はグローバル経済と結びつき、人々の生活とは無縁な不可視のマネーサーキュレーションを加速させているに過ぎません。

〜〜〜〜〜〜〜〜〜〜〜〜〜〜〜〜〜〜〜〜〜〜〜〜〜〜〜〜〜〜〜〜〜〜

三陸での復興計画に希望を見出せなくなった私は、いま瀬戸内に浮かぶ大三島に通いつめています。この島は尾道と今治を結ぶしまなみ海道によって車で到達できるようになりましたが、これといった産業もなく、震災前の三陸の街のように穏やかな風景を保っています。言い換えれば、ここは近代化の恩恵をまったく受けてこなかった、と同時に未だ近代化の脅威にもさらされていない島なのです。私は東京で起こした私塾の若い人たちとこの島に通って、小さな活動を始めました。空き家を

借りて改修し、島の人たちが集まることのできる「みんなの家」にしたり、栽培放棄されたみかん畑を借りてぶどう畑に変え、ワインをつくるなど、いずれもささやかな活動ばかりです。

しかし、このように一見明日の建築を考えることとは無縁な活動を続けながら、行き詰まった近代主義の先に考えるべき道筋が少しずつ見えてきたように感じています。

「より速く、より高く、より便利に」という建築思想では、人々は決して心和むことはないし、幸せに感じることもないでしょう。この確信が、今回の出版を思い立つ動機となりました。それを後押ししてくれたのがエクリマージュの内野正樹さん、エクスナレッジの本間敦さんでした。この場を借りてお2人に心からの謝意を表したいと思います。

本書が建築を志す若い人々にとってこれからの建築を考える動機になってくれることを願ってやみません。

2018年3月4日
伊東豊雄

作品データ

中野本町の家
所在地｜東京都中野区
建築主｜後藤暢子
主要用途｜住宅
構造｜田中実
設備｜貝塚正光
施工｜明石建設
主体構造｜鉄筋コンクリート造
規模｜地上1階
敷地面積｜367.61m²
建築面積｜150.97m²
延床面積｜148.25m²
設計期間｜1975年9月–12月
施工期間｜1976年1月–5月

せんだいメディアテーク
所在地｜宮城県仙台市
建築主｜仙台市
主要用途｜図書館、美術館、映画館
構造｜佐々木睦朗構造計画研究所
設備｜イーエスアソシエイツ、総合設備計画、
大瀧設備事務所
照明｜LPA
施工｜熊谷組・竹中工務店・安藤建設・
橋本共同企業体
主体構造｜鉄骨造＋鉄筋コンクリート造
規模｜地上7階、地下2階
敷地面積｜3,948.72m²
建築面積｜2,933.12m²
延床面積｜21,682.15m²
設計期間｜1995年4月–1997年8月
施工期間｜1997年12月–2000年8月

多摩美術大学図書館（八王子キャンパス）
所在地｜東京都八王子市
建築主｜多摩美術大学
用途｜図書館
構造｜佐々木睦朗構造計画研究所
設備｜鹿島建設
施工｜鹿島建設
主体構造｜鉄骨鉄筋コンクリート造、
一部鉄筋コンクリート造
規模｜地上2階、地下1階
敷地面積｜159,184.87m²
建築面積｜2,224.19m²
延床面積｜5,639.46m²
設計期間｜2004年4月–2005年10月
施工期間｜2005年11月–2007年2月

リラクゼーション・パーク・イン・トレヴィエハ
所在地｜スペイン トレヴィエハ
建築主｜トレヴィエハ市
主要用途｜公園、スパ付属施設

設計協力｜篠崎健一
設計協力（現地）｜Jose Maria Torres Nadal,
Antonio Marquerie Tamayo,
Joaquin Alvado Bañon
構造｜SAPS/Sasaki and Partners +
Masahiro Ikeda Architecture Studio,
Obiol & Moya Arquitectes
Associates（第一期）、
Salvador Perez Arroyo（第二期）
設備｜環境エンジニアリング、Fernando Lamas
照明｜SJ12 Engingyers (Albert Colomer)
ランドスケープ｜NAT (Nathalie Gidron),
R&L (Jose Luis Romeu)
施工｜Grupo Enerala + Jost
主体構造｜鉄骨造＋木造
規模｜地上1階
敷地面積｜8 ha
建築面積｜1,599m²
延床面積｜1,249m²
設計期間｜2001年4月–2002年6月（第一期）、
2007年7月–（第二期）
施工期間｜2003年7月–2006年9月（第一期）

高雄国家体育場
所在地｜台湾 高雄市
建築主｜台湾中央政府行政院體育委員会、
高雄市政府工務局
主要用途｜競技場、公園
共同設計｜竹中工務店、劉培森建築師事務所
構造｜竹中工務店、信業工程
設備｜竹中工務店、泰迪工程、
玉堡冷凍空調工業技師事務所
外構｜中冶環境造形
施工｜互助營造
主体構造｜鉄骨造、鉄筋コンクリート造
規模｜地上3階、地上2階
敷地面積｜189,012m²
建築面積｜25,553.46m²
延床面積｜98,759.31m²
設計期間｜2006年1月–2007年3月
施工期間｜2006年9月–2009年1月

台湾大学社会科学部棟
所在地｜台湾 台北市
建築主｜國立臺灣大學
主要用途｜教育施設（大学）
共同設計｜宗邁建築師事務所
構造｜SAPS/Sasaki and Partners、
超傅工程
設備｜竹中工務店、冠進工程、巽茂設計工程
施工｜互助營造
主体構造｜鉄筋コンクリート造、一部鉄骨造
規模｜地上8階、地下2階
敷地面積｜869,491m²
建築面積｜6,776.89m²

延床面積｜53,231.69m²
設計期間｜2006年8月–2009年10月
施工期間｜2010年2月–2013年5月

みんなの森 ぎふメディアコスモス
所在地｜岐阜県岐阜市
建築主｜岐阜市
主要用途｜図書館、市民活動交流センター、
展示ギャラリー
構造｜ARUP
設備｜イーエスアソシエイツ、大瀧設備事務所
ランドスケープ｜東京大学大学院教授 石川幹子
照明｜LPA
音響｜永田音響設計
施工｜戸田・大日本・市川・
雛屋 特定建設工事共同企業体
主体構造｜鉄筋コンクリート造、
鉄骨造、木造（梁）
規模｜地上2階、地下1階
敷地面積｜14,848.34m²
建築面積｜7,530.56m²
延床面積｜15,444.23m²
設計期間｜2011年2月–2012年3月
施工期間｜2013年7月–2015年2月

新国立競技場整備事業
公募型プロポーザル応募案
所在地｜東京都新宿区
設計｜2015年
建築主｜
独立行政法人日本スポーツ振興センター
主要用途｜スタジアム
設計｜新国立競技場整備事業
伊東・日本・竹中・清水・大林共同企業体
構造｜佐々木睦朗構造計画研究所、
新国立競技場整備事業
伊東・日本・竹中・清水・大林共同企業体
ランドスケープ｜中央大学教授 石川幹子
主体構造｜木造柱＋
鉄筋コンクリート造（スタンド）＋
鉄骨造（屋根）、中間層免震
規模｜地上3階、地下2階
敷地面積｜113,040m²
建築面積｜66,203m²
延床面積｜185,673m²

バロック・インターナショナル
ミュージアム・プエブラ
所在地｜メキシコ プエブラ州
建築主｜プエブラ州政府、
ラファエル・モレーノ・バジェ州知事
主要用途｜博物館
共同設計｜Estudio Auquitectura
構造｜SAPS/Sasaki and Partners, SC3
設備｜AKF de México

照明｜Artec3
ランドスケープ｜Tada Arquitectos
施工｜Grupo Hermes
主体構造｜サンドイッチPC壁構造
規模｜地上2階
敷地面積｜50,000m²
建築面積｜9,855m²
延床面積｜18,149m²
設計期間｜2012年8月–2013年11月
施工期間｜2014年9月–2016年2月
—

台中国家歌劇院
所在地｜台湾台中市
建築主｜台中市政府
主要用途｜劇場、ギャラリー、レストラン
共同設計｜大矩聯合建築師事務所
構造｜ARUP、永峻工程
設備｜竹中工務店、林伸環控設計、
漢達電機技師事務所、
禾杰消防設備師事務所、
東林電機技師事務所
劇場コンサルタント｜本杉省三
音響｜永田音響設計、國立台灣科技大學
照明｜岡安泉照明設計事務所
外構｜老圃造園工程股份
施工｜麗明營造、台大丰實生業、金樹營造
主体構造｜鉄筋コンクリート造、一部鉄骨造
規模｜地上6階、地下2階
敷地面積｜57,020.46m²
建築面積｜8,308.2m²
延床面積｜51,152.19m²
設計期間｜2005年9月–2009年11月
施工期間｜2009年12月–2016年9月
National Taichung Theatre is built
by the Taichung City Government,
Republic of China (Taiwan)
—

水戸市新市民会館
所在地｜茨城県水戸市
建築主｜泉町1丁目北地区市街地再開発組合
主要用途｜劇場、展示場、商業等
共同設計｜横須賀満夫建築設計事務所
構造｜ARUP
設備｜イーエスアソシエイツ、大瀧設備事務所、
川又設備計画、菊池設備設計事務所
音響｜永田音響設計
照明｜LPA
主体構造｜鉄筋コンクリート造、
一部鉄骨造、木造
規模｜地上4階、地下1階
敷地面積｜8,284.95m²
建築面積｜6,951.4m²
延床面積｜22,973.5m²
設計期間｜2016年9月–2019年3月（予定）
施工期間｜2019年12月–2022年2月（予定）

クレジット

伊東豊雄建築設計事務所提供
序章｜01, 02, 04–13
1章｜03, 04, 14, 22, 28, 33
2章｜01, 03–07, 09–12, 14–18, 20–22
3章｜01, 04, 07–11, 13–20, 22–25, 27–30, 32, 37–44,
46–51, 77頁, 113頁, 134·135頁, 157頁上, 161頁
—

写真・図版クレジット
中村絵｜序章03, 74–76頁, 78–83頁, 96–112頁, 142–156頁, 157頁下, 158–160頁
© FLC / ADAGP, Paris & JASPAR, Tokyo, 2018 G1283｜1章07–13, 16, 29, 30
内野正樹｜1章：15, 17
北田英治｜2章：13, 23
osame / PIXTA｜3章：05
伊奈英次（提供：多摩美術大学）｜3章：21
互助営造｜124–127頁
多木浩二｜3章：26, 52
Amith Nag / Dreamstime｜3章：45
新国立競技場整備事業 伊東・日本・竹中・清水・大林共同企業体（監修：石川幹子）｜3章33
新国立競技場整備事業 伊東・日本・竹中・清水・大林共同企業体｜
3章34–36, 128–131頁
—

写真・図版出典
1章02·18·20·21·27｜Philip C. Johnson, *MIES VAN DER ROHE*,
The Museum of Modern Art, New York
1章06｜http://www.toyota.jp/
1章19·3章03｜『建築文化』1998年2月号, 彰国社
1章23｜コーリン・ロウ『マニエリスムと近代建築』彰国社
1章24｜Jacques Meuris, *MONDRIAN*, casterman
1章25·26｜高山正實『ミース・ファン・デル・ローエ 真理を求めて』鹿島出版会
1章31·32｜*MIES VAN DER ROHE drawings in the collection
of the museum of modern art, new york*, The Museum of Modern Art, New York
3章02｜渡邊明次『ミース・ファン・デル・ローエの建築言語』工学図書
3章12｜桑原邦郎『流れのフィジックス［CYLINDER］』TOTO出版
3章31｜石元泰博『桂離宮』六耀社

伊東豊雄［いとう・とよお］｜1941年生まれ。1965年東京大学工学部建築学科卒業。主な作品に「せんだいメディアテーク」(宮城)、「多摩美術大学図書館(八王子キャンパス)」(東京)、「みんなの森 ぎふメディアコスモス」(岐阜)、「台中国家歌劇院」(台湾)など。日本建築学会賞(作品賞、大賞)、ヴェネチア・ビエンナーレ金獅子賞、王立英国建築家協会(RIBA)ロイヤルゴールドメダル、プリツカー建築賞、UIAゴールドメダルなど受賞。東日本大震災後、復興活動に精力的に取り組む中で仮設住宅における住民の憩いの場として提案した「みんなの家」は、2017年7月までに16軒完成。2016年の熊本地震に際しては、くまもとアートポリスのコミッショナーとして「みんなの家」のある仮設住宅づくりを進め、各地に計90棟余りが整備され、現在もつくられ続けている。2011年に私塾「伊東建築塾」を設立。これからのまちや建築のあり方を考える場としてさまざまな活動を行っている。また、自身のミュージアムが建つ愛媛県今治市大三島においては、2012年より塾生有志や地域の人々とともに継続的なまちづくりの活動に取り組んでいる。

伊東豊雄｜21世紀の建築をめざして

2018年4月27日 初版第1刷発行

著者────伊東豊雄
発行者───澤井聖一
発行所───株式会社エクスナレッジ
〒106-0032 東京都港区六本木7-2-26｜http://www.xknowledge.co.jp/

［本書に関するお問合せ先］
編集────Tel 03-3403-3843｜Fax 03-3403-1619｜info@xknowledge.co.jp
販売────Tel 03-3403-1321｜Fax 03-3403-1829

本書の内容(本文、図表、写真等)を方法の如何を問わず、
当社および著作権者の承諾なしに無断で
転載(翻訳、複写、データベースへの入力、インターネットでの掲載等)することを禁じます。

©TOYO ITO 2018